Peter Meis

Unterwegs
zu unserer Vergangenheit

Ein Nach-Lesebuch

Manuela Kinzel Verlag

Impressum

Manuela Kinzel Verlag
73037 Göppingen
Tel. 07165 / 929 399

info@manuela-kinzel-verlag.de
www.manuela-kinzel-verlag.de

Fotografie (Umschlag): Michael Vogler

1. Auflage 2019
Manuela Kinzel Verlag

ISBN 978-3-95544-133-3

Inhaltsverzeichnis

Ein Wort zuvor

Ich gehe zu auf meine Vergangenheit. Wir gehen immer zu auf unsere Vergangenheit. Solange wir unterwegs sind, kommt uns unser Weg entgegen. Nicht weil ich altersentsprechend inzwischen nur noch dem Rückblick verhaftet und an Kommendem uninteressiert wäre. Sondern weil die Zukunft eine Fiktion ist, allemal nur erdacht. Zum Faktum geworden, gehört sie der Vergangenheit an. Als Perfektpartizip zeigt das „Faktum" schon grammatisch, dass Gegenwart wohl überhaupt nur partizipisch zu begreifen ist: Gehend, liebend, leidend, schlafend, kämpfend – rinnend, verrinnend gerinnt meine Zukunft unter der Hand zur Vergangenheit.

Das sich klarzumachen bedeutet nicht, Energie, Leidenschaft oder Neugier verlieren zu müssen, im Gegenteil. Aber unsere „Vorsicht" im eigentlichen Wortsinne dürfte dann achtsamer werden. Umsichtig nach allen Seiten.

Auf den Punkt gebracht scheint mir diese Umsicht in dem kleinen Gleichnis aus dem Lukasevangelium: *„Wer seine Hand an den Pflug legt und sieht zurück, ist nicht geschickt zum Reich Gottes"* (Lk 9,62).

Zunächst scheint das ja dem historischen wie dem pädagogischen oder psychologischen Verstand zu widersprechen: Rückblicke zu verweigern und Vergangenes zu verdrängen wird sich immer rächen; repetitio, die Wieder-Her-Holung ist die Mutter allen Lernens. Im Tun des Landwirtes ist das indes nicht angelegt. Vorgestellt wird ja ein Bauer, der einen einfachen Handpflug führt. Furche um Furche unter dem Einsatz seiner ganzen Körperkraft. Um sie nicht krumm werden zu lassen, muss er sich nicht umsehen, wie es das Gleichnis warnend zu unterstellen scheint. Das gestern Gepflügte liegt ja nicht nur hinter, sondern neben ihm. Geradezu als Maßstab für den heute und morgen zu pflügenden Boden. Am Ende der Zeile muss er wenden, was der Bauer im Rücken hatte, steht ihm jetzt vor Augen. Bis zur nächsten Wende. Fortlaufende Wiederholung. Aber mit dem ständigen Gewinn, ein paar Zentimeter Neuland bearbeitet zu haben. Unterwegs in die Zukunft (hier zum Reich Gottes) ist also ein Arbeiten, bei dem Vergangenes und Kommendes hart aneinander liegen. Und sich so fortwährend begegnen.

In diesem Sinne ist auch dieses Buch entstanden. Bevorstehendes oder soeben Erlebtes gedanklich zu pflügen, hat in den letzten Dienstjahren in kleineren Texten oder Tagebuchseiten seinen Niederschlag gefunden. Besonders der Weg in den Ruhestand war mir Anlass, diesen entscheidenden Übergang zu reflektieren, zumal ich immer wieder danach gefragt worden bin. Die hier in sieben Kapiteln zusammengestellten Aufzeichnungen umfassen den Zeitraum von vier Jahren (Herbst 2015-19), drei früher geschriebene Texte habe ich („An unsere vier Kinder", „Magdalena" und „Lied zur Konfirmation") ergänzt. Auf diese Weise ist eine Art Nach-Lesebuch im doppelten Wortsinne entstanden, dessen Themen und Textformen wechseln. Mithin ein Almanach, Kalenderblätter, die in loser Chronologie und allemal nur ausschnittsweise zeigen, was meine Augen gesehen und meine Seele Kraft gekostet hat. Keine großangelegte Zeitgeschichte also, keine Biografie, aber einzelne Furchen, die freilich noch lange nicht abgeerntet sind.

1. Kapitel

Dreißig Jahre nach der Wende

Alle unsere Enkel wachsen in Dresden auf. So wie ich schon einmal einen offenen „Brief an unsere vier Kinder" geschrieben habe (veröffentlicht 1993 im Claudius Verlag), war mir der „Kindertag" im 30. Jahr nach der Wende Anlass des nachfolgenden Textes. Später, im Vorfeld der Landtagswahl und der großen Demo „#Unteilbar" am 24. August 2019 noch einmal ein anderer Blick auf die Stadt.

An unsere Enkelkinder

Meine Lieben,
drei Jahre nach der Wende haben wir einen ähnlich offenen Brief an Eure Eltern geschrieben. Wenn ich heute, dreißig Jahre nach der Wende Euch vor Augen, noch einmal schreibe, dann nicht, um aus der Vergangenheit zu erzählen oder um fromme Ratschläge zu geben. Wir sind uns nahe genug, um zu wissen, was wir brauchen und einander wünschen, jedenfalls einigermaßen.

Nein, der Anlass dieser Zeilen sind die Europa- und die Kommunalwahlen in der vergangenen Woche. Ihr Ausgang hält uns erschrocken, und obgleich manches vorhersehbar war, besorgt. Nahezu jeden Morgen hören wir während des Frühstücks Nachrichten und Presseschau, abends sitzen wir, wenn möglich, vor den TV-Nachrichten. Über dieses Ritual werdet Ihr schmunzeln, mir ist es aber so etwas wie ein Gebet: Man versichert sich über den Gesamtzusammenhang. Und der ist, wie gesagt, in den vergangenen Jahren nicht heiterer geworden. Rückblickend muss ich gestehen, rechtsnationale Entwicklungen nach der Wende nicht hinreichend wahr- und ernst genommen zu haben. Mit all unseren Kräften waren wir gebunden, uns einzufinden in die neuen politischen Gegebenheiten. Ein Lernpensum, das reizvoll, aber auch kräftezehrend war. Sicher spielt auch die Tatsache, nicht zu den Verlierern der Wende zu gehören, eine Rolle. Erst 2004 mit dem Einzug der NPD in den sächsischen Landtag durch 9,2% der Stimmen habe ich mich mit den Möglichkeiten eines Superintendenten inhaltlich und strukturell nach Kräften engagiert. Die gesellschaftliche Lage war damals zwar aufregend, aber nicht so unübersichtlich wie heute. Seit 2015, der Einmündung des großen Flüchtlingsstromes, ist es nun überall sichtbar, wie rechtsnationale Kräfte erstarken, PEGIDA-Bewegungen nicht mehr nur in Dresden auf den Straßen posieren und in den osteuropäischen Nachbarländern, besonders in Polen, Ungarn und der Tschechoslowakei rechtkonservative Regierungen ihre europakritischen Kurse durchzusetzen verstehen. Die Zustimmung zur Regierung Donald Trump ist erschütternd, das Brexit-Drama nicht nur ein Polittheater.

Nicht nur in Sachsen wirft das auch die Frage auf, was mit und nach der Wiedervereinigung nicht gut gelaufen ist, was gewollt oder ungewollt übersehen wurde. Offenbar unterscheidet sich hierzulande immer noch (abgrenzend) das Selbstwertgefühl. Der einstige Stolz, mit Erfindergeist – sicher notgedrungen, aber mit Witz und Geschick – praktisch alles selber machen zu können, scheint der Zurückhaltung „das können die anderen besser" gewichen zu sein. Jedenfalls sind die Stärken und Schwächen ostdeutscher Sozialisation nicht ausgeräumt. Desintegrationserfahrungen (gefühlt oder wirklich) oder die Dominanz westdeutscher Eliten bilden sich bis in das Wahlverhalten hinein ab.

Vor diesem Hintergrund ist es erstaunlich und hoffnungsvoll, dass nicht nur die Wahlbeteiligung sehr viel höher als in vergangenen Jahren war, sondern auch ein möglicher Rechtsruck derer, die die Europäische Union schwächen wollen, nicht eingetreten ist.

Die Wahlerfolge der AfD in Sachsen sind indessen alarmierend. Analysen werden hinreichend versucht, hilflose Gesprächsforderungen wachsen, an vielen Foren haben wir selber teilgenommen. Mir scheint das Wahlverhalten indes kein Ergebnis mangelnder Kommunikation, sondern Ausdruck einer fatalen Demokratieermüdung. Offenbar trauen immer mehr Menschen ihren komplizierten und anstrengenden Instrumentarien nichts mehr zu und stellen sie zur Disposition. Es kann ja sein, dass sich die Prozesse der Entscheidungsfindung verändern müssen, weil die gewohnten Formen zu behäbig und allzu verlustängstlich sind, vermutlich auch neuen Ideen zu wenig Raum bieten. Von daher ist es gut, wenn die FridaysForFuture-Bewegungen oder Youtouber wie Rezo mit leidenschaftlichen und interessanten Impulsen provozieren. Aber die Demokratie als solche und die Vorteile der Europäischen Union aufgeben zu wollen, wäre aus unserer Sicht verhängnisvoll. Man kann und darf ja über Themen wie Familie, Heimat, Islam, Ordnung, Integration von Ausländern, Klimafragen diskutieren und unterschiedlicher Meinung sein. Aber diese Themen so zu missbrauchen, dass die Ablehnung kultureller Vielfalt oder des (wenn auch mühsamen) Parlamentarismus, dass Geschichtsfälschung und Klimaleugnung gesellschaftsfähig werden, rückt uns gefährlich in die Nähe diktatorischer Verhältnisse.

Eben das ist die Sorge, um derentwillen ich schreibe. Ich weiß, ich gehe auch nicht mehr zu jeder Demonstration. Ich verstehe viele der Kommunikationsplattformen, mit denen Ihr spielend umgeht, nicht mehr. Und ich hätte gern mehr Klarheit über das, was wirklich stimmt: Muss ich den Unheilspropheten Recht geben, die schon jetzt um irreversible Umweltschäden wissen? Oder werden die Gelasseneren, die auf die enormen Anpassungskräfte der Kreatur setzen, Recht behalten? Was geschieht in der Autoindustrie wirklich, gegen welche gesellschaftlichen Entwicklungen müssten wir uns dringend verbünden? Manches Verschweigen ist nur anders unheimlich, als es in der DDR war.

Wie gut würde es uns tun, mehr zu wissen, als wir tatsächlich wissen. Vielleicht teilen wir das Leiden an der Antwortlosigkeit mit Euch, wenn auch lebensgeschichtlich immer mehr zu unseren Ungunsten. Entscheidend scheint mir aber nicht der Erhalt einer Antwort, die womöglich nur vorgibt zu wissen. Wirklich wichtig ist das empfindsame Leiden an der Antwortlosigkeit solcher Fragen. Ihr schmerzhaftes Bewegen. Wie in punkto Gesundheit kommt es auch hier auf die ständige Bewegung an. Darin nicht müde zu werden, sollten wir uns nicht schuldig bleiben. Denn (auch wenn sich Geschichte nicht wiederholt) die Verhältnisse, unter denen Eure Großeltern (von den Urgroßeltern ganz zu schweigen) immerhin ihr halbes Leben gelebt haben, sollen nicht so oder ähnlich das Eure bestimmen. Die Schwierigkeiten und Herausforderungen, denen Ihr Euch zu stellen habt, sind wahrhaftig auch nicht einfach, ein diktatorisches System würde Euch aber die Bewältigung nicht erleichtern. Nehmt daher Euer Leben so selbstbewusst wie möglich in die Hand, mischt Euch ein auch als achtsame Demokraten – Ihr habt das Zeug dazu und müsst Euch Eurer Herkunft wahrhaftig nicht schämen.

In diesem Sinne grüßen Euch liebevoll an einem wunderschönen Sommerbeginn, der so ganz unschuldig daherkommt

Eure Großeltern Rita und Peter Meis, 1. Juni 2019

An unsere vier Kinder

Brief aus Dresden, drei Jahre nach der Wende

*„Wenn Dich nun Dein Sohn morgen fragen wird,…
so sollst Du deinem Sohn sagen: Wir waren Knech-
te des Pharao in Ägypten, und der Herr führte uns
von dort weg, um uns hineinzubringen und uns das
Land zu geben, wie er unseren Vätern geschworen
hatte."* (5. Mose 6,20ff)

Ob Ihr uns so fragen werdet, steht dahin.

Aber wenn Ihr uns morgen so fragen würdet, wäre
unsere Antwort heute: Nein.

Nein, Ägypten war das nicht. Nicht Sklaverei und
Knechtschaft prägten die erste Hälfte unseres Le-
bens. Weder Ruten noch Fleischtöpfe sind gültige
Belege für das, was hinter uns liegt.

Vielleicht schaut Ihr uns dann schweigend an: Sind
nicht zufriedene Sklaven immer schon die ärgsten
Feinde der Freiheit gewesen?

Richtig daran ist Euer Gespür, dass wir uns schwer
tun mit der neuen Freiheit. Die Freude fällt uns nicht
einfach in den Schoß. Ob Ihr je uns glauben werdet,
dass wir mit Grenzen auch wichtige Erfahrungen
gemacht haben und an ihnen gereift sind?

Was für Euch Episode bleibt, hat unser Leben geprägt: 40 Jahre real existierender, diktatorischer
Sozialismus. Aber auch 40 Jahre, in denen wir gelebt, geliebt und gelitten haben. Eure Eltern gehören
der Generation an, die – im Unterschied zu Euren
Großeltern und Euch – wirklich Kinder des Sozia-

lismus sind. Was also ist die Zeit uns wert, was bleibt, und was muss verworfen werden?

Es ist gut, dass Eure Augen diese Fragen verraten. Wir müssen darüber reden. Erzählen. Uns selbst Rechenschaft nicht schuldig bleiben. Vor allem aber: so etwas wie Spuren sichern. Uns der arroganten westdeutschen Tendenz entgegenstellen, die uns glauben machen will, alles, was wir getan haben, sei nur Notlösung gewesen. Nicht wert, festgehalten zu werden und also zu Recht auf die Müllhalde der Geschichte geworfen werden darf.

Nein, „Ägypten" war das nicht. Eher schon so etwas wie das „babylonische Exil". Auf der Suche nach einer gültigen Deutung (denn erst die schafft Bedeutung) fällt mir ein, wie oft und dringlich wir über den Brief des Jeremia an das ausgewiesene Volk gepredigt haben: „Suchet der Stadt Bestes…und betet für sie zum Herrn, denn wenn's ihr wohl geht, so geht's euch auch wohl" (Jeremia 29,7). Diesem Auftrag haben wir uns – gewiss nicht überdurchschnittlich mutig, aber beharrlich – versucht zu stellen. Wenn freilich mit „Exil" eine Situation beschrieben ist, die man nur erleiden kann, der man sich (wenigstens innerlich) verweigern muss und aus der man sich (wenigstens heimlich) immer nur heraussehnen kann, dann stimmt für uns auch dieses Paradigma nicht. Den Traum Eurer Großeltern nach einer wiederzugewinnenden nationalen Einheit haben Eure Eltern so nie geträumt (obwohl auch wir natürlich an unerfüllten Sehnsüchten heftig litten).

Der Ort unserer Herkunft ist daher wohl am treffendsten mit dem Bild des „wandernden Gottesvolkes" beschrieben. Das Volk ist durch (auch wüste) Etappen der Geschichte unterwegs, weil Gott es jeweils dort braucht. Es findet nicht behagliche Ruhe noch wirkliche Heimat, aber es schlägt dort jeweils seine bergenden Zelte auf. Das unsere hat auf verschiedenen Plätzen Sachsens gestanden und fast immer in einer besonderen Nähe zu den slawischen Nachbarn.

Fragt Ihr nach den wichtigsten Erfahrungen, die wir auf diesem Weg mit anderen und mit der Kirche, in der wir zu Hause sind, gemacht haben, dann scheinen wenigstens drei es wert zu sein, gegen unselige Entwicklungen festgehalten zu werden:

1. Die erzwungene Distanz zu Staat und Macht tat uns gut. Etwas unheimlich und jedenfalls verblendet erleben wir die gegenwärtigen Restaurationsbestrebungen auch unserer Kirche, die nicht wahrhaben will, dass wir in einem säkularisierten (vielleicht nach Bonhoeffer sogar „mündig gewordenen"?) Volk leben. Daß wir zuvor trotz der gebotenen Distanz nach unserem Vermögen tapfer und auch öffentlich unser politisches Zeugnis abgelegt haben, zeigt immerhin das diabolische Interesse der Staatssicherheit an Vielen von uns. Nicht dieser Erfahrung weinen wir nach, aber wirklich traurig macht uns unsere Unfähigkeit, dem gegenwärtigen Anpassungsdruck zwischen Kirche und Staat profiliert zu widerstehen. Vielleicht preist Jesus die Trau-

rigen (nicht die Resignierten!) deshalb selig, weil Trauer immer auch ein Stück Distanz, ja Heimatlosigkeit schmerzvoll offen hält, – der Hingabe von Distanz hingegen die allzu freiwillige Hingabe von Seligkeit entspricht.

2. Wir waren glaubwürdiger und für Christus wohl brauchbarer, weil unser Lebenszuschnitt in die Nähe einfacher Menschen passte. Hingegen gehört das ständige Locken des alten Adams als Motor dieses Systems zu den schlimmsten Erfahrungen, mit denen unser Herz jetzt täglich zu streiten hat. Die „Weisheitstheologie" der Marktwirtschaft („du sollst begehren", „du musst misstrauen" usw.) erlernen zu müssen, bedeutet nicht nur die unselige Hingabe von Einfalt, sie macht uns auch einsamer. Vielleicht preist Jesus die Armen (in ihrer unentdeckten Einfalt) auch deshalb selig, weil er unsere ohnmächtige Sehnsucht nach Einfachheit wenigstens wachhalten will.

3. Es war eine gute Schule, daß Gott uns zumutete, uns unser Christsein etwas kosten zu lassen. Gewiss läuft uns heute manche Anerkennung wie Öl die Kehle herunter und die Repressalien (die meistens jene für Verfolgung hielten, die es am wenigsten waren) wünschen wir uns nicht zurück. Aber wo die Nachfolger Jesu andere nicht mehr irritieren, provozieren oder stören, scheint mit der Nachfolge etwas nicht zu stimmen. Wo Christen kein Problem für die Welt mehr sind, werden sie womöglich zum Problem für Christus. Vielleicht preist Jesus die um

der Gerechtigkeit willen Verfolgten deshalb selig, weil Anpassung heute auch heißt, dem Unrecht zuzustimmen.

Glaubt aber bitte nicht, wir wären Helden. An furchtbar vielen Punkten haben wir gefehlt: Mit unserer Kirche haben wir geschwiegen zu den jahrelangen Wahlbetrügereien, zur Mauer, vor allem aber haben wir uns nie den ökonomischen Fragen gestellt. Wir haben die wirtschaftliche Schwäche und Korruptheit des sozialistischen Staates unterschätzt und die deutsche Zweistaatlichkeit als Folge des Krieges und als Faktor zur Stabilität Europas akzeptieren gelernt. War das Schuld? Vielleicht.

Wir haben Euch erzogen in der Vorstellung, daß auch Eure Kinder, also unsere Enkel, noch in diesem eingrenzenden Sozialismus werden leben müssen. War das Schuld? Haben wir Euch damit unbewusst festgelegt?

Was bleibt, ist also kein Nachträumen vergangener Jahre, wohl aber eine ins Mark reichende Irritation. Einen Heiligenschein hat der Sozialismus allen Ernstes nicht verdient. Aber daß mit der Überwindung inhumaner Zustände zugleich immer auch die Beförderung mitgegeben scheint, macht uns gegenwärtig so ratlos. Sollte es tatsächlich unsere Bestimmung sein, „den Garten Eden zu suchen, um in einer Wüstenei anzulangen, von der wir uns nachträglich einzureden suchen, sie sei trotz allem ein Stück Paradies gewesen" (G. Kuhnert)?

Ihr müsst uns Zeit lassen, unseren Weg neu zu bestimmen. Angekommen sind wir jedenfalls noch nicht. Die vorschnelle Genugtuung einiger „Heimkehrer" ist allemal nur oberflächliche Bequemlichkeit. Und sollte es sich eines Tages herausstellen, daß auch die Kraft Eurer Eltern nur noch zur Anpassung reicht, daß wir den Willen zur Veränderung also in Eure Hände geben müssen, dann wisst, daß dazu eine gewisse Distanz vonnöten ist.

Darum dürft Ihr (um ein neutestamentliches Bild aufzunehmen) bei allem Gegenwärtigen, wenn auch wirtschaftlich mühsamen, so doch nicht triumphlosen Einzug in die „heilige Stadt" die Gegenbewegung des leidenden Christus nicht vergessen, der „gelitten hat draußen vor dem Tor. – So lasset uns nun zu ihm hinausgehen aus dem Lager und seine Schmach tragen, denn wir haben hier keine bleibende Statt" (Hebräer 13,12f). Distanz ist uns in der DDR verordnet gewesen, weil Christen so besser „abgeschossen" werden konnten. Damals wussten wir keinen anderen Auftrag, als das Evangelium nach unserem Vermögen hineinzutragen in die Städte und Dörfer und Christus Gestalt werden zu lassen – manchmal schlicht nur durch unser Dasein, manchmal aber auch durch gezielte Aktionen und ungeschminkte politische Rede. Dieses „Hineingehen" hat uns so geprägt, daß der Gedanke des „Hinausgehens" – früher fatale Weltflucht – heute als etwas Wesentliches für uns schwer anzunehmen ist. Und doch ahnen wir, daß Christsein in dieser Gesellschaftsformation mehr mit Distanz und Loslassen zu tun hat, als wir in unserem Herzen bereit sind.

Ihr merkt das Fragmentarische, Unausgereifte dieser Zeilen. Vielleicht auch das Fremde und Tastende einer Generation, die aus einer anderen Welt kommt und ihren Weg neu finden muss. Solltet Ihr aber diese Zeilen lesen als auch Verunsicherte, dann mögen sie immerhin die Funktion jenes Freundes erfüllen, der in der ostjüdischen Tradition so beschrieben wird:

Ein Wandrer hatte sich einst tief im Walde verirrt. Nach einer Zeit verirrte sich ein zweiter und traf auf den ersten. Ohne zu wissen, wie es dem ergangen war, fragte er ihn, auf welchem Weg man aus dem Wald hinausgelange. „Den weiß ich nicht", antwortete der erste, „aber ich kann dir die Wege zeigen, die nur noch tiefer in das Dickicht hineinführen, und dann lass uns gemeinsam nach dem Weg suchen."

Diesen hoffen mit Euch zu finden

Eure Rita und Peter,

Dresden, im Juli 1992

26.05.2019: Zeitspanne

Ursprünglich bedeutet „Spanne" jene Länge, die mit der ausgespannten Hand gemessen werden konnte. Also die Strecke zwischen dem ausgestreckten Daumen und dem kleinen bzw. dem Zeigefinger.

Sowenig eine „Zeitspanne" in diesem Sinne abgegriffen werden kann – den Daumen auf ein bestimmtes Datum zu legen (gleichsam als biogeodätischen Vermessungspunkt unserer Lebenslandschaft), das geht sehr wohl.

Nehmen wir das Geburtsjahr: Meines war von politischen Umständen geprägt, die in den Aufständen um den 17. Juli 1953 gipfelten. Niedergeschlagen von der noch jungen DDR-Regierung und später ebenso einseitig wie unvollständig im Schulunterricht wiedergegeben, ist der damals angestrengte Umbruch erst 1989 zum Ziel gekommen. Da war ich sechsunddreißig. Dazwischen der Mauerbau 1961, der Abriss der Ruinen der Sophienkirche in Dresden 1962, die Sprengung der Paulinerkirche in Leipzig 1968, im gleichen Jahr das Ersticken des Prager Frühlings durch den Einmarsch von Warschauer Pakttruppen. 1971, als ich zu studieren begann, wurden Ulbricht abgesetzt und Honecker installiert. All das habe ich als Jugendlicher, abgesehen von Repressalien und bösen Hänseleien in der Schule, eher wie das Echogrollen ferner Gewitter wahrgenommen.

Während ich mir heute diese Zeitspanne vergegenwärtige, lese ich in den Aufzeichnungen meiner Großmutter. Die aufgespannte Hand sozusagen auf dem Daumen nach hinten drehend: Minutiöse, liebvolle Tagebücher, die sie, Klärchen, in altdeutscher Handschrift für ihre beiden Kinder aufgeschrieben hat. Anrührend die Schilderung der Geburt meiner

Mutter 1927, dann ihre Einschulung 1933. Resonanzen über die Machtergreifung Hitlers finden sich in den Tagebüchern nicht, gleichwohl werden die Sorgen und politischen Unruhen des aufkommenden Nationalsozialismus auch meinen Großeltern sehr präsent gewesen sein.

Keine hundert Jahre später schauen wir mit Sorgen auf die heutigen Wahlen in Europa, Deutschland und Sachsen mit ihren nationalsozialistischen Anklängen in den unterschiedlichsten Tonarten. Ist diese Zeitspanne für unsere Erinnerung schon zu groß, nicht mehr zu greifen? Dabei ist sie doch nicht mehr als zwei Handbreit.

PS:

Geboren bin ich in einer Zeit, in der das Rutschen langer Strümpfe noch durch Strumpfhalter verhindert werden sollte. An Stelle langer Hosen (wir trugen kurze mit Hosenträgern) waren meine Strümpfe aus braun gerippter Baumwolle, die Leibchen handgestrickt. Fließendes Wasser und Telefone in den Wohnungen waren eine Ausnahme. Das Wasser haben wir im Hof an einer Plumpe aus Holz geholt, Telefonapparate gab es im Dorf nur zwei. Selbst in Oberseifersdorf (wir wohnten dort als junge Familie von 1976 bis 82) kamen noch Nachbarn zum Baden zu uns und das moderne Gabeltelefon im grünen Plastikgehäuse war mit seinem Standort im Treppenhaus eine Art Zentrale. Noch als Stadtjugendpfarrer habe ich Terminvereinbarungen vornehmlich über Postkarten vorgenommen, ein wohnungseigenes Telefon schenkten uns erst 1988 die Genossen von der Staatssicherheit, die auf diese Weise mithörend an unserem Leben teilzunehmen gedachten.

Heute greifen auch wir permanent zum Smartphon, Rita führt ihren Kalender elektronisch. Lust und Leiden an den Siegeszügen wie den bösen Hinterhalten der elektronischen Revolution haben uns fest im Griff. Seltsamerweise sind hier die Grenzen des eigenen Vermögens besonders schmerzlich, warum eigentlich? Jedenfalls gehört auch das zur Spanne meiner Zeit.

24.08.2019: Dresden. Eine Visitenkarte

Ach Du liebe Stadt! An Bewunderern hat es Dir zu keiner Zeit gefehlt. Von der Reformation bis zur 800-Jahrfeier (2006) haben Dir Zeitzeugen, Dichter, Maler, Wissenschaftler und selbstredend Musiker Reizendes ins Stammbuch geschrieben. Besonders die in Stein gesetzten Liebeserklärungen der Architekten verhelfen Dir zu jenem unvergleichlichen Panorama, das heute mit dem Wiederaufbau des Zentrums – im Herzen Frauenkirche und Neumarkt, Schloss und Zwinger – Gäste aus aller Welt in seinen Bann zieht. Die Elbhänge entlang des Flusses sowieso. Trotz der Jahrhunderthochwasser (2002/2013) bist Du nicht untergegangen, auch nicht ertrunken im Spiegelbild Deines Narzissmus, obgleich die Verweigerung des Titels „Weltkulturerbe" Deiner Seele sicher ziemlich wehgetan hat.

Man muss nicht in dieser Stadt geboren sein, um sich von ihrem Erscheinungsbild beeindrucken zu lassen. Mehr noch scheint es das Wesen dieser Stadt, das Eintauchen in ihre Atmosphäre, das berührt. So wenig man sich ihm entziehen kann – so schwer zu fassen ist es auch.

Vielleicht gelingt das den Augen eines Fremden besser. Nehmen wir also einmal an, Paulus würde Dresden besuchen. Beruflicher Missionseifer hat ja schon Viele an den östlichen Rand Deutschlands gelockt. Und nomadisierende Lebensentwürfe wie der des Apostels, die Reise zwischen Inseln, das ständige „Umtopfen" (Richard Sennett), ist uns modernen Menschen ja nicht unvertraut. Er käme immerhin mit einem Rucksack voller Erfahrungen für das Wesen selbstbewusster Städte. Und mit einem wachen Blick für deren stolze Schönheit – wie auch ihre sozialen Verwerfungen. Wie damals in Athen (Apostelgeschichte 17,16 ff.) sähe er sich ebenso streitbaren wie neugierigen, selbstredend auch Klatsch liebenden Bewohnern gegenüber. Aufgeregte Debatten am grünen Tisch, auch ein beherztes Einmischen zeichnet die Dresdner aus. Autobahn- und Brückenbau, Fassaden- und Platzgestaltungen erregen und scheiden die Geister mehr noch als Konzertkritiken.

Indes, wer schimpft, trennt sich noch lange nicht. Die Faszination der Heiligtümer ist zu groß. Paulus hatte sie in Athen gesehen, Tempel und Götterstatuen auf Schritt und Tritt. Anders als in Chemnitz sind die jüngsten – „im Dreibuchstabenland" (Uwe Kolbe) aufgestellten – mittlerweile weggeräumt. Nike dagegen, die golden geflügelte Siegesgöttin auf der Kuppel der Kunstakademie, wäre ihm von der Akropolis her durchaus bekannt. Was für halbneue Gerüchte mag sie – hier mit der Fanfare der Fama – über dem „Balkon Dresdens" wohl ausposaunen? „Blühende Landschaften"? Zu ihren Füßen, vor den Stümpfen der Frauenkirche hatte schon am 19.12.1989 Helmut Kohl (an der Seite Hans Modrows) die ersten Nachwendeperspektiven entworfen. Fünfundzwanzig Jahre später gründet sich am gleichen Tag in Dresden der Verein „Patriotische Europäer gegen die Islamisierung des Abendlandes" (PEGIDA), sogenannte Wutbürger, die die Kulisse der Frauenkirche suchend ihrem Ärger Luft machen. Im Oktober 2015, dem ersten Jahrestag ihrer Demonstrationen, waren es über 19.000, die so auch auf den Flüchtlingsstrom reagierten.

Ach Du liebe Stadt! Immer schon bist Du instrumentalisiert worden von staatlich gelenkter Propaganda oder hochkochenden Initiativgruppen. Immer schon botest Du eine beliebte Plattform für große politische Gesellschaftsspiele, gleich einem Schachbrett, bei dem nicht nur am 13. Februar Demonstranten und Gegendemonstranten – einander magnetisch anziehend – ihre Züge berechnen. Während sich institutionelle Entscheidungsträger (oft auch die der

Kirchen) in nobler Zurückhaltung gefallen – freundlich verschanzt hinter residenzbewusstem Dünkel, die Blindheit auf dem rechten Auge (seit Biedenkopf) mit verschiedenen Brillen kompensierend.

Anders als in Athen würde Paulus wohl nicht nach seiner Botschaft gefragt. Auch einen Altar, den er in Athen mit der Aufschrift fand „Dem unbekannten Gott", würde er so nicht finden. Die Stadt versteht sich aufgeklärt. Obwohl PEGIDA vorgibt, das christliche Abendland retten zu wollen, Engel Konjunktur haben oder einstmals griechische Götter erstaunlich präsent sind – sei es „Hermes" für Postempfänger, „Mars" als süßer Verführer, „Merkur" als Hotelkette oder „Apollo" für Brillenträger. Umgekehrt zeigen immer mehr Menschen, dass ohne jede religiöse Bindung, von kirchlicher ganz zu schweigen, zu leben möglich ist. Tragen sie den bildlosen Altar in ihrem Herzen? Als Ausdruck einer vagabundierenden Suche?

Womöglich würde Paulus auch hier anknüpfen und – dem ausgeprägten Dresdner Residenzbewusstsein durchaus nahe – die stoische Tradition zitieren. Eben jene vornehm affektlose Vernunft, nach der wir „als ganzes Menschengeschlecht in ihm (dem unbekannten Gott) leben, weben und sind." (V. 28)

Dass in dieser Stadt weniger als ein Viertel der Bevölkerung einer der Kirchen angehören, besagt also nicht viel. Zwar sinkt gegenwärtig die Zahl der Kirchenmitglieder in Dresden nicht, es sind aber wohl eher die schwer fassbaren zivilreligiösen Momente,

26

die dem urbanen Körpergefühl Empfindsamkeit und Rhythmus geben. Oder ist es der „Mythos Dresden", der so viel Bindekraft besitzt? Glüht die Asche noch, die die verwundete Seele der Stadt wetterfühlig allemal im Februar schmerzen lässt? Selbst die dritte Generation scheint noch zu ahnen, dass das Herz Dresdens einmal zerrissen wurde.

Mythen freilich sind riskant. Vor allem, wenn sie sich mit dem Heiligenschein einer Verheißung schmücken. Sie machen verletzbar. Leipzig hat sich mit dem Mythos „Heldenstadt" umgeben. Nicht weniger kühn war auf einem Plakat am Altmarkt in Dresden zu lesen „Stadt der Auferstehung". Städte, die sich mit der Aura einer Verheißung umgeben, waren schon immer Zielscheibe der Zerstörungswut. Erschütternd hat das die „Stadt der Freiheit", New York, zu Beginn des Jahrtausends erfahren. Oder Paris, die „Stadt der Liebe", oder Jerusalem, „Schalom" im Namen tragend. In Dresden sind es Gegner der Demokratie, die nicht nur die Geschichte dieser Stadt ignorieren. Wie gut, dass die Landtagswahl am 1. September 2019 schon jetzt so erregend und offensichtlich politisierend wahrgenommen wird.

Ach Du liebe Stadt! Voller Schätze bist Du, menschlicher wie kultureller. Paulus wusste, dass wir sie nur in irdenen Gefäßen haben. Darum suchte er den Bürgern von Athen jenen Unbekannten bekannt zu machen, nämlich „den Herrn des Himmels und der Erde…, der jedermann Leben und Odem gibt" (V. 24 f). Ob Wahl- oder Heimatstadt: den zu entdecken, der „fürwahr keinem von uns ferne ist", lädt auch Dresden ein. Auf der Suche zu sein, ist schließlich keine Schande.

2. Kapitel

Tagebuch einer Krankschreibung

Eine Krankschreibung im November 2015 bot mir Gelegenheit und Zeit, tagebuchartige Texte zu schreiben. Sie sollen hier in unveränderter Reihenfolge wiedergegeben werden. Den Stil (Datum und mich bewegende Themen) habe ich dann beibehalten, auch wenn die späteren Texte in diesem Lesebuch nicht immer chronologisch, sondern eher den thematisch orientierten Kapiteln zugeordnet sind.

11.11.2015: Zäsur

Am Montag, den 9. November 2015, dem ohnehin denkwürdigen Datum, eine erneute Unterbrechung in meinem Leben: Hingestürzt im Schwindel nach einem zu starken Zigarillo auf das Pflaster vor dem Autohaus. Die Platzwunde am Kopf und eine Fleischwunde am Knie bemerke ich erst nach tiefer Benommenheit. Nun also Krücken, eine kaputte Brille, ordentlich Zeit und die Frage, was mir das bedeuten will.

Naheliegend, alternativlos wie auch hilfreich scheint: Einfach weitermachen. Ausruhen und noch etwas bedachter sich auf die Tragfähigkeit meines sozialen Netzes und die Struktur der Arbeitsaufgaben verlassen. Ich bin bestens aufgehoben – in der Dienstgemeinschaft, ungleich schöner aber noch in der Familie. Rita kennt mich wie kein Mensch sonst, spürt Gedanken und Regungen so, dass das biblische „ein Fleisch werden" zu dem geworden ist, was es meint: Ein Eins-Sein zweier Individuen, das keiner für sich allein verwirklichen kann und nicht durch einfache Addition entsteht. Sondern Erkenntnis und Anerkenntnis des Anderen in einer Weise, die im Unterschied zu allen anderen Gruppierungen etwas Neues eigener Art entstehen lässt. Dabei gewinnt die schon bei der Trauung erinnerte Präsenz der Endlichkeit auch bei uns an Gewicht. Jenes „bis dass der Tod euch scheidet" rückt inzwischen auch im nahen Bekanntenkreis in greifbare Nähe.

Eigentlich sollte das zum Leben und Sterben genügen. Es genügt auch, zumal im Horizont eines Glaubens, den ich mit zunehmendem Alter bewusster zu durchdenken mich nicht nur beruflich übe.

Warum aber fällt es so schwer, sich damit zu begnügen? Woher kommt das Bedürfnis nach mehr Erkenntnis und damit auch Anerkenntnis? Mir ist es immer gut ergangen, wenn mir – einem Möbeltischler gleich – Texte gelungen sind, in denen sich andere gern niederlassen. Dabei bin ich kein Sprachgenie, weder in Fremdsprachen noch in flüssiger Kreativität. Es ist jedes Mal die schwere Arbeit einer Einzelanfertigung. Unzählige Predigten und drei Aktenordner mit Vorträgen zeugen davon. Jedes Blatt ein Kraftakt, der am Ende Genugtuung, aber auch den Wunsch nach größerer Resonanz auslöst.

Das scheint mehr als eine Berufskrankheit oder mangelhaftes Selbstwertgefühl. Vermutlich ist es auch mehr als nur die Sünde unerlösten Hochmutes. All das spielt gewiss eine nicht zu unterschätzende Rolle. Für mich sind gute Texte aber immer ein Gehäuse, in dem es möglich ist, mich in der unübersichtlichen und undurchsichtigen Welt zurecht zu finden. Jedenfalls scheint mir das Wort (in der Verbindung von himmlischen Logos und Welterfahrung, Joh 1,1.14) jenes Gerüst, dem eine unerhörte Gestaltungskraft anvertraut ist. Dem zu entsprechen, gelingt freilich oft nur im Leiden an der Kleinheit, die dilettantische Architekten empfinden müssen. Die Wortbrücke zwischen Himmel und Erde hat offenbar nur auf dem Ufer der Welterfahrung feste Fundamente. So ungesichert verortet gelingt es zwar oft, dem Fragmentarischen mit Heiterkeit zu begegnen und das Liebenswerte alles Vorläufigen wahrzunehmen. Aber Projekte, die die ganze Denkkraft und Lebenserfahrung beanspruchen, wären ein Gehäuse, das auch in kommenden Jahren Schutz gewährt. Nicht, um bedeutender zu werden, wohl aber, um im Frieden mit sich selber sterben zu können.

12.11.2015: Auf der anderen Seite

Erfahrungen wie die des vergangenen Montags – auch die leichte Kollision mit einem anderen Fahrzeug gehört dazu – sind wie ein Einfallstor für die ständig lauernde Neigung zur Depression. Ungerufen bricht sich eine latente Wahrheit Bahn, der Sturz aufs Pflaster ist auch ein Sturz auf die andere Seite. Mutmaßungen über den Ruhestand und eine erahnte Isolation des Altwerdens drängen ans Licht. Noch im Liegen taucht die Frage auf: Wozu eigentlich aufstehen? Dann: Heute schon ein frisches Hemd, die Rasur vielleicht erst morgen? Erst beim Frühstück verliert sich der Mehltau über der Seele.

Zwiespältig auch der Versuch, sich in das Beziehungsgeflecht einzuloggen. Einerseits genieße ich das Mit-mir-selbst-alleinsein. Zugleich aber elektrisieren Anrufe, auch das Lesen von Emails führt sofort zum Rollenwechsel. Die kritischen Seiten der Selbstwahrnehmung verlieren sich augenblicklich, ich bin sofort heimisch in dem sicher unterschiedlichen Bild, das andere von mir haben und agiere entsprechend verändert. In solcher Kommunikation scheint alles in Ordnung – und ist es vielleicht auch. Die Schönheit und Tragfähigkeit normaler Arbeitsvollzüge ist ebenso offensichtlich wie deren Blasenhaftigkeit. Einen klaren Kopf inmitten des Unsinnes hausgemachter Aufgeregtheiten zu behalten, ist nicht einfach. Was ist schon wichtig und was nicht? Was bedarf der Leidenschaft und wo ist Abständigkeit kein Verlust? Und soll das wirklich jeder selbst entscheiden dürfen?

Ich denke über die Kraft der Depression nach. Als Adjektiv bedeutet es dem lateinischen Wortsinn nach „tief, gedrückt, unglücklich". Als Verb freilich ein aktives „(her)unterdrücken, versenken". Nach meiner Erfahrung sind darin Subjekt und Objekt kaum zu unterscheiden. Depression ist ein Widerfahrnis, in dem ich irgendwie auch agiere. Da der Begriff heute vor allem medizinisch, genauer gesagt psychiatrisch, besetzt ist, ist mir der alte Begriff der Schwermut (Melancholie) sympathischer. Immerhin weist die althochdeutsche Bedeutungsvielfalt des Wortes „Mut" über Tapferkeit hinaus. Wortverbindungen wie Anmut, Demut, Gemüt, Hochmut, Langmut, Schwermut, Unmut oder Zumutung zeigen ein hohes Arbeitsmaß der Seele und des Geistes an. Dass das den Körper als deren Wohnraum nicht unberührt lässt, liegt auf der Hand.

Ist Schwermut indes auch eine geistliche Erfahrung, die sich unterscheiden lässt von dem Zustand, der das Handeln lähmt, weil er dem Kranksein nahe ist? Allzugern möchte ich denen Recht geben, die Melancholie als eine Gemütslage verstehen, die Größeres anzeigt, als oberflächlich angenommen wird. Romano Guardini etwa sieht in der Schwermut „die Beunruhigung des Menschen durch die Nachbarschaft des Ewigen. Beseligung und Bedrohung zugleich." Die Bedrohung rührt im Versagen, darin, dem Ewigen nur scheiternd entsprechen zu können. Darauf kann man nur traurig und gebrochen reagieren. Umgekehrt hat diese Beunruhigung aber auch eine lichtvolle Seite. Sie hält ein Fenster zur Ewigkeit offen. Darin leuchtet auf, was sein könnte oder sein sollte. Womöglich erschließt sich der Melancholie also mehr als nur die Gebrochenheit des Denkens und Fühlens. Lebt in ihr die Ahnung, dass hinter der Oberfläche der Welt Größeres waltet, ein Geheimnis, das sie oft schal und halbwahr erscheinen lässt?

Schwermut ist alles andere als schön. Ihre Stärke könnte aber darin liegen, unfreiwillig auf jene Dimension aufmerksam gemacht zu werden, in der Größeres als das eigene Leben angelegt ist. Dann aber wären eine heitere Leichtigkeit und die innere Distanz zu den inszenierten Aufregungen kein Ausdruck von Dummheit oder arroganter Weltverachtung. Sondern das Einverständnis, dass die Dinge ihre Schwere verlieren dürfen.

13.11.2015: Meine Mutter vor Augen

Während ich das Blatt schreibe, steht sie auf dem Friedhof. Zusammen mit meiner Schwester deckt sie das Grab ab. Eine kleine Frau, Rock und Jacke sind inzwischen viel zu weit geworden. Das graue Haar ist abgesehen von schwer einzufangenden Strähnen noch immer zu einem Dutt gebunden – nicht anders, als ich es seit Kindheitstagen kenne. Das Bücken scheint ihr nicht schwerer zu fallen als das Stehen. Mit den zarten Händen einer 88-Jährigen zupft sie trockene Blüten ab, ganz eins mit dem dicht besetzten Boden, auf dem auch das kleinste Pflänzchen wachsen darf. Das Unscheinbarste macht ihr Freude, es ist ihr Garten, das andere Zuhause. In innigem Zwiegespräch höre ich sie sagen: „Du, mein Guter. Jetzt ist alles wieder schön. Es ist gut." Kein Selbstgespräch ist das, die Gegenwart ihres Mannes ist selbstverständlich. Leise, die Hände gefaltet, fügt sie ohne Hader hinzu: „Solange wollte ich doch nicht leben."

Heute vor 18 Jahren ist mein Vater gestorben. Ich saß damals zusammen mit Marie an seinem Bett, seltsam präsent die Stunden. Manchmal meldet sich ein schlechtes Gewissen, meine Mutter erst zur Aussegnung ins Krankenhaus geholt zu haben. Sie aber ist fern jeden Vorwurfes, nicht nur im Blick darauf. Welch eine Frau.

Ihr Wesen bedenkend, komme ich von der Geschichte der Schwestern Maria und Martha nicht los. Lukas (10, 38-42) erzählt die Beherbergung Jesu durch zwei Frauen sehr unterschiedlichen Typs. Martha verkörpert die unruhige, außengeleitete Frau, die aus ihrem Dienen Kraft und Anerkennung saugt. Maria, innengeleitet, kann im Hören auf Jesu Wort alles um sich herum vergessen.

Mir scheint, in meiner Mutter sind beide Frauen vereinigt. Bibelstunde und Gottesdienst, tägliche Andacht und Fürbitte, auch das Gespräch darüber sind ihr wichtiger als alles andere. Zugleich aber ist ihr das Dienen in Fleisch und Blut übergegangen. Jedes Gebrechen zieht sie magnetisch an. Verrückten, Kranken, sozialen Außenseitern kann sie sich nicht entziehen. Sprache und Gestus wechselnd, ist sie augenblicklich gefangene Helferin. Ausgeliefert an ihre Arglosigkeit, die Hoffnung auf Evangelisation oder die Ratlosigkeit über ausbleibende Veränderung kann sie nicht aus ihrer Haut. So fließt dann alles zurück und himmelwärts in eine Fürbitte, die sie durch die Zeiten trägt.

Diese doppelte Anteilnahme greift freilich sehr viel weiter aus. Zuerst gilt sie den Kindern und Enkeln, aber auch das ganze Weltgeschehen nimmt sie ins Gebet. Unpolitisch ist sie politisch interessiert, kein Tag vergeht ohne Nachrichten, obgleich ihr die Entwicklungen immer unverständlicher werden. Immer stärker wächst so die Freude auf die Ewigkeit. Bei einem Besuch vor dem 4. Advent 2009 sinnierte sie mir gegenüber: „Das Leben ist (doch) wie eine Reise im Zug. Man freut sich darauf, dass am Bahnhof einer auf uns wartet. Und dann ist da immer noch eine Station mehr, und noch eine ... Aber am Bahnhof wartet einer auf uns."

Gott, Christus und ihr Mann sind hier vermutlich ganz in Eins gesehen. Die Lasten aus Familie, Bekanntenkreis und Nachrichten verarbeitet sie mit biblischen Bildern. Ostern 2010 erzählt sie, dass sie sich der Maria so sehr nahe fühlt. Vor Augen die johannäische Szene der Mutter unter dem Kreuz: „Wenn ich an sie denke, fühle ich selbst einen Stein auf dem Herzen." Beim Erzählen belebt sie sich, eine zarte Röte überzieht die Wangen.

Welch weiter Kosmos wohnt da hinter der Tür der engen Wohnung in einem äußerlich unappetitlichen

Haus? Und wie lange wird sie noch so stehen an der immer schon geöffneten Tür – winzig, aber beglückt, wenn man aus dem Fahrstuhl tritt?

15.11.2015: Umwälzungen

Es ist Sonntag, seit Freitag tagt die Synode. Ich leide nicht darunter, keinen Gottesdienst besuchen zu können. Ist das die Erfahrung einer Selbstsäkularisation? Oder Erholungsbedarf von den allzu menschlichen Facetten kirchlicher Zusammenkünfte?

Hineingeboren wie alle Menschenkinder in eine Welt, die ich mir nicht aussuchen musste, war meine noch von den Entbehrungen der Nachkriegszeit geprägt. Das Haus wurde mit zwei schlesischen Flüchtlingsfamilien geteilt, wunderbare Kindheitserinnerungen hinterlassend. Gesättigt von der Glaubenspraxis meiner Eltern war das Zuhause auch ein kirchlicher Schutzraum, den ich als solchen gar nicht empfunden habe. Gleichwohl galt es, angesichts des hohen politischen Druckes der 60er Jahre auf Kirche und viele Christen in der Schule erste Mutproben zu bestehen. Mehr intuitiv als durch äußere Einflüsse erzwungen, habe ich dann Theologie studiert. Lange unsicher, ob das mein Weg sei, lag über dieser Entscheidung immerhin die Spannung des Ungewöhnlichen. Im Umfeld tiefer DDR-Wirklichkeit löste das Aufmerksamkeit aus. Gern aber habe ich dann abwechslungsreiche Berufsfel-

der durchschritten: Als junger Mann ein Dorf-
pfarramt in der Oberlaussitz, die Jugendarbeit in
Dresden, über die breite Mitte des Lebens Hoch-
schularbeit in Moritzburg, gereift dann als Superintendent und heute kirchenleitend in Dresden.

Wirklich umwälzend waren dabei die Jahre vor und
nach 1989. So riskant die Friedensfrage vor 25 Jahren war – auf dem Spiel standen europaweit militä-
rische Eingriffe – dennoch dürfen wir bis heute in
einem Teil der Erde leben, in dem Krieg nicht zu
den existentiellen Erfahrungen zählt. Das an Opfern
beispiellose 20. Jahrhundert schien hinter uns zu
liegen.

Während ich aus dem Fenster auf eine stille Straße
im Novemberlicht eines bürgerlichen Viertels
schaue, weiß ich, dass Befriedung weltweit nicht in
Sicht ist und die scheinbar festen Fundamente der
Demokratie erschüttert werden. Es sieht nach neu-
en Umwälzungen aus. Furchtbare Kriege, vor allem
im Nahen Osten, politische und wirtschaftliche Mängel nicht nur in Afrika haben eine Flüchtlingsbewe-
gung ausgelöst, die historisch keinen Vergleich
kennt. Ein Teil der über sechzig Millionen Flüchtlin-
ge drängt nach Europa, insbesondere Deutschland.
Seit einem Jahr formiert sich die Pegida-Bewegung,
der Zuspruch der AfD wächst. Vorgestern Abend
wurde die Welt erneut erschüttert, als während eines Fußballspieles in Paris 130 Menschen durch
parallele Attentate getötet wurden. Zivile Opfer eines Terrors, der unseren Lebensstil trifft und westli-

che Kultur zerstören will. Hierzulande korrespondieren verbale Brandsätze mit materialen gegen Flüchtlingsunterkünfte. Aufgebracht sind Herzen und Sinne der Menschen, mediale Botschaften überstürzen sich in Sekundenschnelle. Niemand weiß, wo das komplexe System der Kräfte uns hintreiben wird, auch wenn ebenso ernsthafte wie naseweise Reden den Anschein erwecken wollen zu wissen, wo es hinzugehen hat.

Derweilen verlieren auch die Kirchen stabilisierende Bedeutung. Lautlos wandern religiöse Themen aus. Unverbindlich – offensichtlich aber auch unverzichtbar – vagabundieren sie in der offenen Gesellschaft und suchen sich neue Formen. Die schrillen Zeichen einer Umwälzung verbinden sich also mit leisen Verschiebungen, etwa auch dem Klimawandel und den rasanten digitalen Eroberungen. Nicht nur die Sensiblen spüren: Der sicher geglaubte Boden wankt. Welche Mauern unseres europäischen und politischen Gebäudekomplexes einstürzen werden und was mit sanierungsfähigen Rissen davonkommt, steht dahin. Gefahr und Chancen hier zu unterscheiden, gelingt nur schwer.

Gedanken (in der Verbindung von Denken und Danken) eines stillen Sonntages. Schnelle Bilder, deren Oberfläche auf Tiefen weist, die auszuloten allemal lohnt. Den Gottesdienst werde ich trotz allem weiter schätzen. Denn Glauben ohne Denken kann ich mir ebenso wenig vorstellen wie Denken ohne Glauben.

20.01.2016: dies ater

Noch im Dezember hatte ich eine Erklärung für die Kirchenleitung geschrieben, die am 18.01.2016 zur Beschlussfassung vorgelegt wurde. In Abstimmung mit dem Landesbischof und dem Kollegium sollte die Kirchenleitung kritisch zu den Beschlüssen von drei Kirchenvorständen im Kirchenbezirk Aue Stellung nehmen. Die hatten im Herbst 2015 den Bezirksjugendwart Jens Ulrich mit einem Verkündigungsverbot konfrontiert, weil er eine eingetragene Lebenspartnerschaft eingegangen und mit seinem Partner zusammengezogen ist. Bislang war seine Homosexualität weder unbekannt noch problematisiert worden, sein Dienst vielmehr hochgeschätzt. Nun aber mit Berufung auf den Schutz der Gewissen und biblische Aussagen ein Predigtverbot, im Rücken die konservative Haltung des Landesbischofs in diesen Fragen. Mit 11 gegen 6 Stimmen wurde die Erklärung abgelehnt, weil sie nur „Öl ins Feuer gieße" und „schlafende Hunde wecke" – die Vorgänge in Aue seien schließlich über Aue nicht bekannt und dort einigermaßen zur Ruhe gebracht. Unter der Leitung des Landesbischofs änderten wie er auch andere ihr Stimmverhalten entgegen der gemeinsamen Vorbereitung.

Für mich und die drei anderen theologischen Räte war das ein dies ater, ein schwarzer Tag. Nicht nur wegen des Vertrauensbruches oder einer Abstimmungsniederlage. Im Verlieren habe ich mich hinreichend üben können. Aber die dahinterstehende Haltung hat mich bis ins Mark erschüttert. Natürlich obliegt einer Kirchenleitung die Aufgabe der Abwägung und Befriedung. Hier aber mischen sich Strategie und Feigheit. Entschlossenheit und Verschlossenheit werden zur Unentschlossenheit. Wie freilich soll eine Kirchenleitung glaubhaft machen, dass sie wirklich hinter ihren homosexuellen Mitarbeitern steht, wenn sie sich scheut, dem Novum eines Predigtverbotes öffentlich zu widersprechen?

Schon länger plagt mich der Eindruck, dass wir uns als Landeskirche schuldig machen gegenüber homosexuellen Mitarbeitern, Ehrenamtlichen und Gemeindegliedern, schuldig wohl auch vor Gott. Das öffentlich zu sagen ist schwierig, weil es in den theologischen Verhärtungen als moralische Keule aufgenommen wird. Indes fällt es mir ausgesprochen schwer, hier kirchenleitende Entscheidungen mittragen und verantworten zu müssen. Sicher wird der Tag kommen, an dem auch unsere Kirche in diesen Fragen Schuld zu bekennen in der Lage sein wird. Vorerst aber scheint es mir eine Art Nagelprobe, ob sich die Kirchenleitung zur Möglichkeit der öffentlichen Segnung eingetragener Partnerschaften positiv verhalten wird.

Offenbar bis zum Ende meiner Dienstzeit werde ich dem Thema mit Leidenschaft (im Doppelsinne des Wortes) treu bleiben müssen, das als ein Segment theologischer Grundsatzfragen meine Arbeit vom Beginn an prägt. Das erste theologische Ringen und entsprechende Auseinandersetzungen um das Thema haben wir freilich schon Mitte der Neunziger in Moritzburg geführt und dann mit der Pfarrerschaft in Dresden-Mitte fortgesetzt. – Lange also vor den heutigen, nun auch öffentlichen Debatten.

Licht in den dies ater bringt mir das stärkende Miteinander der theologischen Räte, die klug und sensibel, freilich in der Gesamtheit landeskirchlicher Verantwortung ziemlich allein sind.

3. Kapitel

Im Innenkreis

Diesem sehr persönlichen Kapitel ist (zum Kalender-blatt „Der Clown") ein Portrait beigefügt, das ich 2010 geschrieben habe. Magdalena, unsere zweite Tochter, ist nach einer schweren Meningitis geistig behindert. Das Lied zur Konfirmation greift Vers 8 des 63. Psalms auf, den eine unserer Enkeltöchter als Konfirmations-spruch gewählt hatte; die „fünfundsechzig Worte" sind ein Geburtstagsgedicht.

30.08.2017: Rentnerin

Rabenstein 1970 – seit Beginn der Ausbildung zur Kinderkrankenschwester waren es über 45 Arbeits-jahre. Im vergangenen Jahr haben wir entschieden, dass Rita ihre Arbeit im Diakonissenkrankenhaus im August 2017 beenden wird. Seither beschäftigt uns diese Zäsur fortwährend. Immer dichter wurden erstaunte und berührende Signale aus der Mitarbei-terschaft. Vier Wochen hatte sie ihre Nachfolgerin ein- und sich „ausgearbeitet". Nun ist es soweit.

Nach dem gemeinsamen Frühstück repetiert Rita hinter der Glastür noch einmal eine kleine Rede, die wir tags zuvor in Form gebracht hatten. Dann steigt sie ins Auto, um den Laufzettel abzuarbeiten. Ich schreibe meinen Dienstplan für September, aufge-kratzt noch von den schlimmen Eindrücken des Vortages im Amt, die sich in den kommenden Wochen weiter auswirken werden. Indes beschäftigt mich die bevorstehende Verabschiedung als wäre es die eigene.

11:45 Uhr mache ich mich auf den Weg. Zu Fuß über die Elbwiesen, flankiert von den Elbschlössern, Mittagsgeläut schwingt in der sonnendurchfluteten Luft. Es ist ein wunderbarer, warmer Spätsommertag. Die maschinelle Heuernte auf den Wiesen ist wie ein Gleichnis für das Kommende. Überfüllt die Kapelle des Krankenhauses. Rita trägt ein hellbraunes Sommerkleid, in dem sich Mädchenhaftes mit Großmütterlichem verbindet. Sie ist schön, strahlt Aufregung und Ruhe zugleich aus. Zwei Chöre, unter den Gästen Barbara, viele Mitarbeiter, Schwestern, einige Ärzte. Zugleich mit Rita wird die Schulleiterin verabschiedet. Während der kurzen Absprachen schnappe ich den Satz von ihr auf „Aber das letzte Wort habe ich …"

Rektor Thilo Daniel hält eine gute Andacht, in dem er Theologisches (Abschied als „Ausgang und Eingang" nach Psalm 121) geschickt mit Persönlichem verbindet. Beide Frauen waren Brückenbauerinnen. Die Brücken, die Rita aus dem Krankenhaus heraus zu bauen hatte, oft nur schwankende Hängebrücken, hatten manchmal nur ein Handseil. Loslassen mithin als tägliches Bewährungsfeld. „Na dann …" hat sich bei ihm eingeprägt, typisch in den Nuancen von nicht fackelnder Entschlossenheit bis zu unverhohlener Skepsis.

Die Charakterisierung „geradlinig" wendet der Pflegedirektor in seiner ebenfalls freundlichen Rede in ein unverblümtes „direkt". Nicht nur bei ihm hat Rita offenbar mit ihrer umstandslosen Offenheit einen nachhaltigen Eindruck hinterlassen. Dies wirkte nicht verletzend, weil es mit Humor und praktischer Barmherzigkeit verbunden war. Dass er – gerade einmal so alt wie Rita im Diakonissenhaus war – wenige, aber um so eindrücklichere Kontakte mit dem Sozialdienst hatte, sei ein gutes Zeichen gewesen. Überzeugende Selbständigkeit. Rita veranlasst das zu dem Zwischenruf, sie können sich auch sehr gut erinnern…

Beide Reden stellen eindrücklich vor Augen, wie Rita in 34 Jahren die Arbeit auch über das Haus hinaus geprägt hat und ihr Name in den Partnereinrichtungen bis in die Hochschule für Soziale Arbeit eine Instanz ist. Ich bin verhalten stolz auf sie, flüchtig bedauere ich, dass David, Marie und Hans nicht anwesend sein konnten.

Dann bannt ein mit bunten Ketten (als Adaption an Ritas Vorliebe) geschmückter Chor die Aufmerksamkeit. In ihm finden sich die liebsten und wichtigsten Mitarbeiter aus der Belegschaft zu einem witzigen Lied spontan zusammen. Gespannt warteten wohl alle auf das „aber das letzte Wort habe ich", mit dem Rita, ohne Kloß im Hals, humorvoll und raumgreifend die prall gefüllte Stunde abschließt. Ihre historischen Bonmots gaben heiteren Gesprächsstoff bei der Gratulationsschlange, Sekt und Schnittchen. Das Auto mit Blumen und Geschenken gefüllt, tranken wir zu Hause einen großen Espresso, um hernach per Rad im Landgasthof Zschieren an dem lauen Spätsommerabend zur Ruhe zu kommen.

An das putzige Wort „Rentnerin" werden wir uns gewöhnen müssen – ähnlich wie vor 19 Jahren an „Oma und Opa". Aber auch die neue Identität hat ihr Kontinuum. Ohne das, was Rita als Sozialarbeiterin über 34 Jahre geformt hat, wäre sie nicht das, was sie heute ist. Dass dabei Beruf und Berufung nahezu in Eins fielen, ist jedenfalls Grund zu dankbarem Staunen. Was bleibt, wird sich zeigen. Für neue Erfahrungen offen gehen wir weiter.

18.01.2018: Der Clown

„Ooohr, Papa. Du hast eine Frau…"
„Mama, der ist unmöglich, warum hast du den bloß geheiratet…" Magda ist zu Hause.
Ich liebe dieses kehlige Gurren, den Spaß, der auf Anhieb klappt. Es ist fast immer das gleiche Necken, das ihr Gesicht erhellt und das Herz aufschließt. Verlässlich wie das Amen in der Kirche aktualisieren wir damit unsere Beziehung, die irgendwo tief im Gewebe der Kindheit wurzelt.
Am 22. Januar 2018 wirst Du 37 Jahre alt. Die Zahl ist ohne Bedeutung, seit ein paar Jahren kannst Du sie nicht mehr verorten. Nur dass Du Geburtstag

hast, ist wichtig. Nur intuitiv weißt Du, dass Dich der Strom der Zeit weiterträgt – von der Werkstatt in den Reginenhof, von der Arbeitswoche zum Wochenende, von Fest zu Fest. Urlaube strukturieren nicht das Jahr, sie sind Unterbrechungen, die irgendwann kommen und jedes Mal schmerzhaft enden. Berechnen kannst Du nichts, zur Vergewisserung, dass die Lebensdrähte halten, an denen Du hängst, nutzt Du den Anruf im Zwei-Minuten-Takt. Fixe Fragen in flotter Tonlage auf dem Telefonbeantworter: „Ruft mich mal zurück. Tschühüss". Als Unsinn empfindest Du die (für uns zuweilen lästigen) Wiederholungen nicht, trägst es aber auch nicht nach, wenn die Antwort ausbleibt. Deine Hilflosigkeit nimmt zu, die Untüchtigkeit macht Dir und uns zu schaffen. Sanfte Kritik versuchst Du in leere Korrekturen aufzulösen wie „das meinte ich ja…" Wieviel Angst muss Dir die Welt machen, wie bedrohlich mögen die Ränder der kleinen Inseln sein, auf denen Vertrautheit Dich umgibt?

Der Spaß gibt Dir Gewissheit, dass der Boden unter Deinen Füßen trägt. Während Rita alles ordnet, Formulare ausfüllt, Beträge anfordert, Salben mischt und Dich mit neuer Kleidung versorgt, traust Du mir das gar nicht zu: „Du kennst ja meine Größe nicht…" Klar, das ist für Dich Frauensache, vertraute, umfassende Mütterlichkeit, die Du umstandslos genießt. Meine Rolle ist (zum Glück nicht nur) der Clown, der Dich manchmal aus den Tiefen der Dunkelheit holt.

Welche Wahrheit kommt da ans Licht? Was bringt das heitere Spiel in Dir zum Klingen? Wer souffliert eigentlich bei diesem Rollenspiel? Persona bedeutet im Lateinischen die Maske, durch die etwas hindurchklingt. Per-sonare. Und spielt Gott nicht auch verschiedene Rollen, versteckt sich hinter Bildern, trägt Masken, durch die nur vage etwas vom Geheimnis seiner Wirklichkeit hindurchklingt? Sicher nicht die des Clowns. Oder doch? Fließen dahinter womöglich Tränen, während er uns zum Lachen bringen möchte – über so viel Komik, die ungewollt uns eigen ist? Wie schön, auch für mich, dass Du Dich so gerne auf den Arm nehmen lässt.

Magdalena
(Karbachtal im Gsies, am 1. August 2010)

Du wirst dreißig. So eigen ist Dein Leben, so ganz anders als das unsere oder das Deiner Geschwister. So viel entbehrst Du von dem, was uns wichtig ist, beschwert oder glücklich macht. Ist es dieser Unterschied, jener scheinbare Mangel an Reichtum, an fehlender Weite, der so empfindlich Erbarmen mit schlechtem Gewissen miteinander verbindet?
Warum ist das Geheimnis Deiner geistigen Behinderung so dunkel und schwer? Nicht einmal einen Adressaten vermag ich zu nennen dieser Zeilen, die Du selber kaum lesen wirst. Brechen mir deshalb die Tränen hin und wieder wie aus einem scheinbar

trockenen Brunnen hervor? Dass Dir manches erspart bleibt im Leben, ist jedenfalls kein Trost. Und schon gar keine Antwort auf das Rätsel Deines Schicksals.

Du bist gesund zur Welt gekommen, lange hatten wir auf Deine Entbindung im eiskalten Bärnsdorf gewartet. Die schwierige Geburt hat Deiner Mutter schwer zu schaffen gemacht – Du hast sie tapfer überstanden. Nach einem halben Jahr erreichte mich dann in Dresden – kurz vor einem ökumenischen Jugendgottesdienst – die Nachricht, dass Du mit schlimmer Gehirnentzündung im Krankenhaus liegst. In Zittau fand ich Dich bewusstlos, übernahm die Nachtwachen, Rita war des Tags bei Dir. Die Diagnose der Ärzte war so ernst, dass ich mir Gedanken für Deine Beerdigung gemacht habe. Ich glaubte mich stark genug, sie selber zu halten, wollte es wohl damals keinem anderen überlassen. Wie verändern einen solche Nächte!

Dann die Hoffnung auch der Ärzte, Du würdest überleben. Unsere Skepsis eines bleibenden Schadens war freilich damals schon größer, als man uns glauben machen wollte. Wir aber waren uns eins: Welche Entwicklung Dir auch immer bevorstehen würde, wir wollten Dich. Wir wollten, dass Du lebst, würden schaffen, was da kommen wird.

Es folgten schwere Jahre. Deine Überaktivität, das mühsame Laufenlernen in Dresden, Finelepsin, kein Bilderbuch konntest Du auf dem Schoß fest geklammert zu Ende ansehen, hilflose Therapieversuche in Laubegast. Ein Segen war der Kindergarten Voglerstraße, aber gegen Ende wurde es immer deutlicher, dass ein normaler Schulbesuch nicht möglich sein würde. Nach dem Vorschulkindergarten bei Frau Pota kam dann der herbe Schock der Einschulung auf dem Weißen Hirsch: Im Hintergebäude der Hilfsschule, zumeist mit lernbehinderten Mitschülern aus sozial schwierigem Umfeld. Wieder hattest Du Glück mit der beherzten und klarsichtigen Lehrerin Frau Thomalla.

Meistens brachte ich Dich zur Standseilbahn, mittags wartete ich dann versteckt, um mit dem Rad dem Bus hinterherzufahren; Du solltest ja lernen, selbständig die richtigen Linien und Haltestellen zu finden. Einmal bist Du bis Löbtau gefahren, wir hatten schon die Polizei zur Suche alarmiert. Auch da hatten wir das Gefühl, um Jahre zu altern. Du hast an der Endstelle gewartet, schließlich wurde eine Frau durch Dein Weinen darauf aufmerksam, dass da etwas nicht stimmt. Vom Aussehen und Benehmen her warst Du ja nicht auffällig. Das war Deine Chance und ein Problem zugleich – auch für Deine Geschwister warst Du weder krank noch behindert, nur anstrengend und zuweilen blöd, wie sich Geschwister eben erleben. Unsere vorsichtigen Bitten um Nachsicht – waren sie angemessen? Immer aber innere Zerreißproben. Kindliche Normalität erwarbst Du Dir durch Nachahmen, aber mit der Zeit wurden die Grenzen auffälliger. Ich gestehe, mir abends im Bett oft gewünscht zu haben, mit Dir zusammen zu sterben.

Die Wende war uns dann ein Segen. Gnade Deiner späten Geburt? Endlich verlässliche Diagnosen im Kinderzentrum München, die Trainingsprogramme freilich auch hier kaum zielführend. Aber die Differenzierung des Schulsystems ließ nun einen Schulwechsel zu, Herr Turm war ein wichtiger Helfer auf dem Weg zur Pädagogik der Anthroposophie. Er sah Dich mit anderen Augen. Dann Frau Deubner, Bonnewitz, nun hatten wir nicht nur Begleiter und den Ort gefunden, an dem Du am besten aufgehoben warst. Wir selbst hatten die Ahnung schrittweise akzeptiert, wie es um Deine Retardierungen und Begabungen bestellt ist. Tapfer gingen wir darum den schweren Schritt an, Dir im Ottihof ein eigenes Zuhause einzuräumen. Während Du fröhlich diesen Wechsel begrüßt hast – uns es war wie ein blutender Riss im eigenen Herzen. Schon einmal, als ich Dich noch in die Schule nach Bonnewitz brachte, habe ich mich danach auf einen kleinen Jägerstand auf dem Hang oberhalb der Schule gesetzt und bitter geweint. Tränen des Abschiedes, des Nichtverstehens, zugleich wissend, dass Du lebenslang an uns hängen und wir Dir nahe sein werden.

Eben das ist der Kern des rätselhaften Leidens. Es bleibt Dir vieles versagt – Du wolltest ein eigenes Kind, heiraten, wenigstens einen festen Freund –, aber Du weißt doch inzwischen, dass das Deine Möglichkeiten übersteigt.

Dazu kommt, dass wir Dich in Deinen Wünschen ständig korrigieren und eingrenzen (müssen?) – Du würdest so einkaufen oder Dich kleiden, dass Du ausgelacht würdest. Du würdest mal eine rauchen, alles, was verrückt ist, probieren.

Selbst die Enge deines Gesichtskreises, die ständige, wahrlich nervende Wiederholung ein und derselben Gedanken oder Fragen – all das tut weh, ist aber eigentlich doch nur ein Ausdruck dafür, dass wir vor allem unsere eigenen Maße für angemessen halten.

Dass Du nicht nach unseren Maßstäben leben kannst, wäre zu ertragen einfacher, wenn diese seltsame Wand nicht wäre. Wir sprechen die gleiche Sprache und doch bleibt die Verständigung scheinbar aus. Wir sind uns intuitiv ganz nahe und bleiben uns fremd. Wir gehören zusammen und gehören uns doch nicht. Nach jeder fröhlichen Begrüßung, die auf Austausch aus ist, reißt der Gesprächsfaden ab, alsbald geht jeder dem Seinen nach.

Dabei ist es ja nicht so, dass Du nicht denken würdest, vermutlich genauso unablässig wie unsereiner. Aber ich komme nur selten dahinter, was in Dir vorgeht, bruchstückhaft allenfalls, in tastender Ahnung, – Du jedenfalls kannst nicht sagen, was Dich bewegt.

Dieses Rätsel, so hautnah – ein Stück vom eignen Fleisch und Blut – und doch der Verständigung zu entbehren, macht mir so schmerzhaft zu schaffen. Was nur hat sich Gott dabei gedacht? Wollte er damit auf sich aufmerksam machen – unser fragmentarisches Dasein als Hinweis auf die mögliche Erhellung allein durch ihn? Schwer zu glauben.

Die eigne Einsamkeit wird jedenfalls auf diese Weise bewusster, jenes Stoßen an die Grenzen des Denkens und Verstehens, in denen jeder von uns allein und gefangen ist.

Umgekehrt bist Du gerade in Deinem Schweigen äußerst sensibel und nah. Du weißt, wenn die Luft brennt und verstehst Dich ganz zurückzunehmen.

Ist also das Verstehenwollen womöglich nur einer der typischen Versuche der Vereinnahmung, des Besitzergreifens und Lenkens, wohin ich gerne will? Vielleicht ist es gut, dass das zum Scheitern verurteilt ist. Dein verborgenes Inneres und was Du davon äußern kannst, gehören Dir und nicht uns. Und je mehr Du in Deinem Lebensraum zuhause bist, um so mehr begreifen wir den Reichtum auch der Welt mit Deinesgleichen. Sie alle, so unterschiedlich sie wahrnehmen und reagieren, brechen damit die angebliche Realität unserer Welt merkwürdig auf. Irritierend, aber auch köstlich zeigen sie, dass unsere Maßstäbe arroganter und zugleich dümmer ausfallen mögen, als wir wahrhaben wollen. Auch das haben wir Dir zu danken, unserem Kind, das nun dreißig wird.

Wie gut, dass sich vieles mit diesem Lebensdrittel normalisiert hat. Nach menschlichem Ermessen scheinst Du die schwere Arbeit Deiner Entfaltung geschafft zu haben. Die Knospe hat sich zur Blüte geöffnet. Jeder Vergleich mit anderen verdeckt die Besonderheit Deiner Entfaltung.

Oft liegt ein verhangener Schatten darüber. Aber manchmal leuchtet die Sonne auch über Deinem Gesicht. Wie erlöst kannst Du dann lächeln und mit gewitzten Einlagen verblüffen.

Wir – und Du wohl auch – haben uns gewiss nicht ab-, aber vielleicht eingefunden in dieser Art, miteinander zu leben. Und so aufeinander zu achten, dass die manchmal aufleuchtende Schönheit Deines Wesens als kostbares Glück begriffen werden darf.

Wer oder was es auslöst, wenn dieser Glanz über Dein Gesicht huscht, ist schwer auszumachen. Offenbar aber spiegeln sich dann tief verborgene Kindheitserfahrungen.

Was bleibt, ist die Pflege Deiner Blüte, die sich so und nicht anders entfaltet hat. Ihr unübersehbarer Hinweis, wie sehr wir alle auf gegenseitige Fürsorge angewiesen sind. Und eben die Demut, den eigenen Lebensentwurf nicht als einzigen Maßstab anzulegen. Sondern Freiheit zu gewähren ohne Dich loslassen zu können.

Gebe Gott, dass Dich Menschen mit solchem Wissen des Herzens als gute Weggenossen begleiten bis dahin, da er Dich einmal ganz in seine Arme nehmen wird. Menschen, die das nicht nur aus Pflichtbewusstsein tun, sondern die angerührt sind von dem geheimnisvollen Reichtum, zu dem eine geistige Behinderung der ungesuchte Schlüssel sein kann.

Lied zur Konfirmation
(zu Psalm 63, 8; Melodie EG 302, Jubilate 2014)

Mein Herz ist heute fröhlich,
weiß nicht woher, wieso.
Tief unten war ich gestern,
jetzt steh ich auf der Höh'.
Ach Gott, wer bin ich wirklich?
Bin niemals ganz ich selbst.
Lass mich doch bitte glauben,
dass Du mich ganz fest hältst.

Ich suche lichten Frieden,
will sprüh'n vor Lebenslust,
verzeihen und ertragen –
doch Streit bebt in der Brust.
Warum bin ich zerrissen,
wer heilt, was mir zerbricht?
Den Tränen, die ich weine,
hilf reinigen die Sicht.

Wie gut, ich habe Freunde,
Familie und mein Phon.
Den Kummer wird vertreiben
vertrauter Stimme Ton.
Gut tut, wenn sie mir sagen,
ich sei doch stark und schön.
Die Zweifel, die so nagen,
vergeh'n, werd' ich geseh'n.

Gott trauen wir gemeinsam:
Mein Helfer bist ja Du.
Im Schatten Deiner Flügel
find zart berührt ich Ruh.
In solchen Trost gebettet
wag ich den nächsten Schritt.
Frohlocke meine Seele!
Du gehst ja immer mit.

Fünfundsechzig Worte
(zum 19.04.2019)

Gemeinsam
in einem Boot
fast ein halbes Jahrhundert
schön und wacklig der Einstieg
trotz Strudel nie gekentert
der Takt der Ruder nicht immer synchron
Unterschiedliches rühren sie auf
doch halten wir zusammen den Kurs
im Hinterkopf ein unbekanntes Ende
vor Augen eine wunderbare Landschaft
Dein Bild wechselt in den Farben
der Sonne und des Regens
leuchtend und matt
jung und alt
fließendes Glück
es trägt

4. Kapitel

Auf dem Weg in den Ruhestand

Im Folgenden sind Gedanken gesammelt, die mich im letzten Dienstjahr beschäftigt haben, notiert eher im Stil vorläufiger Gedankensplitter. So die gesammelten Empfindungen vom Jahresbeginn und zur Halbzeit im letzten Dienstjahr (Januar und August 2018), oder die Vorüberlegungen, die ich mir für ein im November 2018 angekündigtes Interview anlässlich des Dienst-endes unter dem Titel „Bilanz" aufgeschrieben hatte.

Silvester 2017/18:

natürlich weiß ich dass
alles seine Zeit hat
wir alle den gleichen Weg gehen
Altern keinem erspart bleibt
sich verbrauchen eigentlich schön ist
ablösen normal
aufhören wunderbar doppeldeutig
natürlich weiß ich das…

Neujahr 2018:

Dass Neues kommt, ist keine Frage.
Ob Glück hineinverwoben ist, sehr wohl.
Ach Gott, Du, segne unsere Tage
und lass sie möglichst wenig hohl.

04.01.2018: Übergänge

Ein Jahr vor meinem Eintritt in den Ruhestand (1. Dezember 2018) ergeht es mir wie einem, der eine große Reise anzutreten hat. In meinem Belieben steht sie nicht. Der letzte Dienstkalender ist übertragen. Voll wie in den vergangenen Jahren, schon länger aber geht es mehr ums Auf-Räumen (welch schönes Wort!), innerlich wie äußerlich.

Seltsame Mischung von leise vibrierender Unruhe und ängstlicher Neugier – was will da noch werden? Ich bin nicht mehr der, der ich war. Und noch nicht der, der ich sein werde. Nur schemenhaft der, der ich sein möchte.

Gleich der Vorbereitung eine Reise, die noch aussteht, lege ich mir immer wieder Gedanken zurecht in der Hoffnung, dass sie brauchbar sein könnten. Die Ruhe der Adventszeit bis über den Jahreswechsel gewährte Zeit dafür. Streifzüge also, ungeordnete Ausflüge, introvertierte, aber turbulente Erkundungen des Raumes, in dem ich mich gegenwärtig bewege ... Gedankensprünge – vor, zurück, zur Seite, ran.

November 2017, ein Kolleg in Meißen. Bei einem nächtlichen Dombesuch wandert die Gruppe vom Langschiff durch das Lettnertor in die Apsis. Über dem Lettner, der beide Räume – oben offen – durch ein Kreuz verbindet, Musik. Mir wird das zur Empfindung meines Überganges. Die Geräusche des großen Raumes sind noch zu hören, gedämpft, aber hinter mir. In der Apsis blicken die Stifterfiguren still und wohlwollend auf uns herab.

Alles hat seine Zeit. Alles braucht seine Zeit. Es ist an der Zeit.

Ich bin gern allein. Der kleine Kosmos meiner Gedanken wird weit. Die Nächsten, Freunde, Kollegen durchstreifen mein Gemüt. Zart tasten meine Sinne: Was sie jetzt tun und denken? Wie durch unsichtbare Fäden bin ich mit ihnen gleich einem Spinnwebennetz verbunden. Es trägt, einsam ist das Alleinsein nicht. Abwesenheit erhöht die Zuneigung. Der Entzug hat seltsame Kraft. Irgendwie scheint Gott dabei. Bald aber stoßen meine Gedanken an unsichtbare Wände. Unfreundlich wie der Prall an eine unbemerkte Glaswand werden sie zurückgeworfen. Ich trete auf der immer gleichen Stelle. Reumütig kehre ich in die tatsächlichen Gegebenheiten zurück. Der Alltag ist trist und barmherzig zugleich.

Ich weiß, dass ich gern schreiben würde. Obwohl mir ein Thema fehlt: Schreiben ist für mich wie Zeilen pflügen. Schnell wuchern sie zu. Aber ihr Profil ist langwierig. Oder wie das Nähen eines Kleides. Wenn es sitzt, trage ich es gerne länger.

Geschriebenes ist Gespurtes, kleine Markierungen auf dem Weg, den ich gegangen bin. Spuren zeigen, wo etwas fehlt.
Eigene Sätze sind wie Ketten einer Hängebrücke über dem Abgrund der Wirklichkeit. Worte wie Bausteine, mit denen ich als Kind gespielt habe. Stabil waren die Burgen und Kugelbahnen nie, zu vorläufig und billig das Material, das ich zur Verfügung hatte – und habe. Ob wohl die Legodrachen und -raketen unserer Enkel die gleiche Freude am Formulieren hinterlassen?

Vor Weihnachten auf dem Weg ins (und im) Landeskirchenamt habe ich zum wiederholten Mal das Gefühl, die Sohlen zu verlieren. Bodenhaftung und Präsenz werden unmerklich schwächer, schwebender wie in einem Luftkissenboot. Irgendwie zwischen den Welten, aber nicht unangenehm. Ich muss mir Mühe geben, ganz bei der Sache zu sein, empfinde den schnell strömenden Fluss der Zeit, die uns fester im Griff hat, als wir glauben wollen.

Wie gern kehre ich in den häuslichen Hafen zurück. Wo mich die Sehnsucht, immer mal wieder ins Weite hinauszufahren, hintreiben wird, steht dahin.

17.08.2018 Zusammenfassungen

Altwerden ist die Erlaubnis, müde zu sein. Nicht übermüdet durch Mangel an Schlaf, sondern erschöpft von der Intensität des Lebens, empfundene Leere gegen saugende Kräfte. Ich lasse dem Stillstand Raum, der körperlichen Schwere. Der Sommer ist langsam und schwer, er lahmt in anhaltender Hitze. Auch im Amt ist es merkwürdig still, Emails tropfen wie aus einem alten Wasserhahn in größeren Abständen. Mein Einverständnis mit dem Ruhestand nährt sich mehr aus der Akzeptanz meiner enger werdenden Grenzen als der Freude auf die große Freiheit.

Im Rückblick auf mein Leben als Theologe kommt es mir vor, als gehe ich in die Niederungen einer weiten, flachen Ebene hinein. Hinter mir eine großartige Alpenlandschaft, die ich mit Leidenschaft, aber auch leichten Fußes durchwandert habe. So manchen Gipfel theologischen und philosophischen Denkens habe ich gern erklommen, andere links liegen gelassen oder nicht geschafft. Etwas wehmütig winken sie von ferne, blass schon ihre Namen und Pfade.

Ich war immer ein Generalist, nur selten sind die peniblen Tiefenbohrungen des Spezialisten meine Sache gewesen. Dem Überblick über dem Gesamtzusammenhang gilt mein Interesse.

Die Entzauberung meiner selbsteigenen Einsichten nimmt zu. Was ich für das unvergleichbare Markenzeichen der christlichen Theologie gehalten habe, begreife ich immer mehr als Spezialfall allgemeiner Erfahrungen. Bereits die Begegnung mit anderen Menschen oder ein gutes Buch sind Transzendenzerfahrungen, die ich der Gotteserfahrung vorbehalten hatte.

Der liebe Gott riecht wie eine Mischung aus kühlen, muffig-feuchten Mauern und trockenen, bunt verbauten Holzemporen. Alte Dorfkirchen sind eines seiner Gewänder.

Einen kindlichen Glauben möchte ich ebenso gern bewahrt wissen wie meine Skepsis, den irritierenden Zweifel. Letzteres scheint heute weniger gefragt als einfache, orthodoxe Wahrheiten. Vielleicht ist es auch deshalb gut, die Arbeit in andere Hände zu legen. Schmunzelnd lese ich: „Als das Auto die Pferdekutsche ersetzte, haben wir die Pferde nicht optimiert – wir haben sie in den Ruhestand geschickt." (Y. N. Harari)

Immer öfter werde ich gefragt „Was werden Sie im Ruhestand tun?" – Nichts. Ich werde mich einüben im Zwiespalt der Langeweile. In dem also, was uns als Theologen – gegen alle Predigtbeteuerungen – am schwersten fällt: Nichtstun als Ausdruck der Rechtfertigung. Angenommenes und angesehenes Sein vor aller Leistung. Dem Alter seinen Lauf lassen...

Seltsame Erfahrungen dabei: Allein krieche ich durch das Unterholz meines Gemütes. Und verletze mich immer wieder.

Sollte der Sinn des Lebens tatsächlich nur darin bestehen, die mir verliehenen Begabungen zu entfalten, dann Gnade mir Gott.

Mit der Kritik am Partner verhält es sich im Altwerden wie mit einem unregelmäßig gewachsenen Baum: Man wird in dem Maße vorsichtiger, als das Bedürfnis wächst, in seinem Schatten zu ruhen.

Liebe: Wir wachsen gegenseitig immer tiefer in den anderen hinein. Manchmal schmerzt das. Wurzeln gleich, die sich durch Gestein zwängen müssen. Geduldig aber sprengen sie es.

11.11.2018: Bilanz

Ich habe von dieser Kirche mehr empfangen, als ich zu geben vermochte. Anregungen, die mein Denken geschärft haben, wunderbare Weggenossenschaften, Auseinandersetzungen, die reifer machen. Genial dabei ist, dass man das Lernen sich nicht selber organisieren muss. Insbesondere kirchenleitendes Handeln ist eine einzigartige Fortbildungsveranstaltung.

Prägend auch: In der Mitte des Lebens eine Zeitenwende, also die Jahre um 1989, erlebt zu haben.

Vor und nachher ein weiteres Privileg: Es gibt wenig Berufe, die so gründlich zu reflektieren haben und die Chance, das öffentlich zur Sprache zu bringen.

Worüber habe ich mich geärgert?
Über die Diktatur derer, die ihren Narzissmus oder ihre Dummheit durchzusetzen verstehen. Über manche Scheinheiligkeit. Und wenn harte Herzen im Namen ihres Bibelverständnisses Menschen deplatzieren.

Was ist gelungen, was nicht?
Erfolg ist keiner der Namen Gottes. Wir haben aber wichtige Erfahrungen durch die Reformationsdekade gesammelt, wir haben intensiv an allen Fragen des kirchlichen Lebens gearbeitet. Das Ringen um

die Akzeptanz gleichgeschlechtlicher Partnerschaften hat von Anfang an meinen Dienst begleitet. Mit dem Segensformular stehen wir etwa in der Mitte der deutschen Kirchen. Weiterarbeiten müssen wir an dem Gewissensvorbehalt, hier machen wir es uns zu leicht.

Was werde ich tun?
Ich habe keinen festgefügten Plan. Das Leben birgt so viele Wendungen, unverhofft oder gärend. Insofern halte ich mich offen (augenzwinkernd im Sinne des russischen Sprichwortes: „Wenn du Gott amüsieren willst, erzähle ihm von deinen Plänen"). Im Übrigen wird es eine spannende Erfahrung sein, Rechtfertigung nicht nur zu predigen, sondern zu leben, also Anerkennung nicht mit Leistung zu verbinden.

Worauf wird es in der Kirche ankommen?
Beständige theologische Arbeit, um die Veränderungsprozesse auch geistlich zu bewältigen. Glücklicherweise macht diese Arbeit (im Unterschied zu anderen) keinen Stress, sondern Freude.
Theologische Vielfalt erhalten. Kirche ist armselig, wenn sich nur die Kohorten Gleichgesinnter gegenseitig bestätigen.
Das Bonhoeffer'sche Diktum, Kirche *für* andere zu sein, wird sich verschieben: Kirche sind wir nur *mit* anderen, insbesondere zivilen Partnern.

Digitalisierung im kirchlichen Handeln so nutzbar zu machen, dass wir die Beziehungsebenen nicht verlieren.

Teilhabe an Entscheidungsprozessen und Leitungshandeln muss wieder freundlicher aufeinander bezogen sein.

Persönlich:
Reich ist, wem das Leben die Abschiede schwer macht. Aber auch die andere (eher himmlische) Perspektive gibt es: Reich ist, wem das Leben die Abschiede leicht macht. Wie beides neben- und ineinander liegt, ist offen.

Ich merke, wie ich mich in aller Nähe von meinen Kollegen unmerklich entferne. Das liegt wohl daran, dass sie raumgreifend in die Zukunft blicken. Ich dagegen studiere den Augenblick und sehe zurück.

03.12.2018: Ein neues Fenster

Ein ganzes Jahr habe ich auf den 30.11.2018 hingedacht, immer neue Empfindungen und Bilder gingen mir durch Herz und Sinn. In den letzten Wochen war es, als läge ich auf einem Surfbrett, das von einer großen Welle immer schneller auf den Strand zugetrieben wird. Wie würde das Stranden in der Gischt werden?

Erst im Sommer wurde mir bewusst, dass ich dabei stillschweigend beobachtet worden bin. Mit leicht hängendem Augenlied und silbrigem Backenbart hat seit 2011 Ernst Julius Meier auf mich und mein Tun herabgeschaut. Mild, aber in direktem Augenkontakt und zugleich irgendwie in die Ferne schweifend. In fast allen Dienstzimmern des Landeskirchenamtes hängt eines dieser eindrucksvollen, goldgerahmten Gemälde aus der Galerie der Oberhofprediger Dresdens. Ich hatte das zwar als ehrwürdig empfunden, aber mir nie klar gemacht, dass ausgerechnet die Berufsbiografie dieses Theologen der meinen überraschend ähnlich war: Auch er hatte in Leipzig Theologie studiert, war dort in Stötteritz (als Hauslehrer) tätig, später Superintendent von Dresden und Stadtprediger an der Frauenkirche. Er wohnte „An der Kreuzkirche" und war zu guter Letzt auch sieben Jahre Konsistorialrat im Konsistorium, nur fünf Generationen früher – der Oberhofprediger (1890-97) Ernst Julius Meier.

Was hat er nicht alles vernommen an Telefonaten, Gesprächen und Sitzungen. Meist im Zwielicht, denn mein Zimmer war eines der dunkelsten im Haus, wegen seiner Nordlage erzwang es fast immer künstliches Licht. Erst im letzten Dienstjahr änderte sich das. Im August wurde ein neues Fenster eingebaut – nach Süden hin – und der bis dahin diese Wand besetzt haltende Oberhofprediger musste weichen. Gut so, denn jetzt geriet der stille

Zimmergenosse nicht nur in ein besseres Licht, er kann auch den Blick ins Freie genießen.

Und mir öffnete das zugleich ein inneres neues Fenster, in dem einerseits das Leben nach dem Dienst Konturen zu gewinnen begann, andererseits aber auch der tatsächliche Arbeitsraum noch einmal heller wurde. Fast alles, was ich in diesem Herbst ein letztes Mal gemacht habe, habe ich gern gemacht. Selbst auf den Abschiedsgottesdienst und den anschließenden Empfang bin ich mit verhaltener Vorfreude zugegangen. Eine Fülle wunderbarer Briefe, die Festschrift und die Resonanz bei einem fast familiären Zusammensein nach den berührenden Grußworten von Margrit und Burkart werden mir nachgehen. Wie Proviant werde ich es auf dem kommenden Weg mitnehmen.

Was zu bewahren mir lieb wäre, ist Wachheit im Geist und in der Wahrnehmung. In der Hand habe ich das nicht, es wird Anstrengungen kosten. Welche Aufgaben muss und welche möchte ich gern weiterführen? Dass das alternde Leben keine Überraschungen mehr bereithält, glaube ich zwar nicht mehr, aber die Demut, andere Stärken als die geübten zu entwickeln, wird es kosten. Wir werden sehen…

5. Kapitel

Abschied in öffentlichen Reden

Das bevorstehende Dienstende war mindestens indirekt auch Thema vieler Andachten, Vorträge und Predigten, die ihrerseits freilich in anderen Zusammenhängen standen. Die Predigt zu den Pfarrertagen steht traditionell noch einmal unter der Jahreslosung; zur Landessynode sollte das Thema „Inklusion", mit dem das Plenum beschäftigt war, aufgenommen werden; bei der Abschiedspredigt von Kirchenleitung und Gemeinden habe ich mich auf die Tagestexte (Psalm 96.3, Jesaja 52,7-10, Matthäus 11.28-30) bezogen.

September 2018 (Pfarrertage): **Offenbarung 21,6**

Gott spricht: „Ich will dem Durstigen geben von der Quelle lebendigen Wassers umsonst."
Liebe Schwestern und Brüder,
dass wir uns an der Schwelle des Herbstes noch einmal der Jahreslosung erinnern, ist eine gute, aber keine einfache Tradition. Die klaren Bilder dieses Gotteswortes sind ja dermaßen elementar, dass jede weitere Auslegung eher wie abgestandenes Wasser schmecken muss.
Lässt sich da noch Erfrischendes finden – über die vielen Meditationen und Predigten hinaus, die schon zum Jahresbeginn naheliegende, meist biografische

Erfahrungen über den Durst oder die Labsal der Quellen in den Blick genommen haben?

Sicher, der heiße Sommer hat die ernsten Fragen um die Bedeutung des Wassers und den Klimawandel noch einmal verschärft. Gerade deshalb scheint mir – aus der Mitte der dringlichen ethischen und humanitären Fragen heraus – diese bedeutsam: Wie steht es denn mit unserem Durst als Predigerinnen und Prediger? Haben wir noch solchen? Und wenn ja, wonach?

Rein körperlich ist Durst, das wissen wir, schlimm. Schlimmer als Heimweh, weiß ein Sprichwort zu sagen. Wirklicher Durst macht schwach, er lähmt und kann lebensgefährlich werden. Die Labsal des Trinkens freilich währt nur kurze Zeit. Wir müssen alsbald wieder trinken. So funktioniert unser Körper.

Nicht zwangsläufig aber unser Geist. Der kann offenbar lange auf Erfrischung verzichten, sich mit der schluckweisen Erneuerung des Wasserhaushaltes durchaus zufrieden geben – und seine Arbeit dabei sogar anständig verrichten.

Eine Bescheidenheit, die auch in geistlicher Hinsicht gilt. Man kann es sich genug sein lassen, wenn ein Gottesdienst gelingt, wenn das eine oder andere Erfolgserlebnis den Durst nach mehr vertrocknen lässt. Und die Enttäuschungen über Kollegen oder der schmerzhafte Weg unserer Kirche tun das ihre zu dieser Rückzugsbescheidenheit dazu. Es kann ja wirklich zur Anfechtung werden, dass die Mitgliedszahlen weiter sinken. Dass ein Leben ohne Gott immer selbstverständlicher wird und kaum ein Zeitgenosse wirklich darunter zu leiden scheint.

Genau darin aber stellt sich fast lautlos die Frage ein: Wonach habe ich denn eigentlich noch Durst?

Wer sich der ehrlich stellt, wird auch bald ein paar Antworten finden, die alles andere als fade sind: Natürlich sehnen wir uns nach Anerkennung. Selbstredend möchten wir Spuren hinterlassen. Festhalten das, was nicht festzuhalten geht. Gerade als Pfarrerinnen und Pfarrer scheinen wir darauf angewiesen, dass etwas aufgeht von dem Samen unseres Tuns, dass sichtbar bleibt etwas von dem, was uns teuer ist, worin wir Leib und Seele investieren.

Es ist ein schmaler Grat, auf dem wir uns da mit unserem Durst bewegen. Denn auch die Halbwertszeit geistlicher Erquickung nimmt eher zu: auferbauende Gottesdienste, Retraiten, das Bewahren des Humors oder hinreichende Resonanz – all das kann als Pulsbeschleuniger den Durst nach mehr und Neuem so steigern, dass er tatsächlich schlimmer ist als Heimweh. Angesichts des unbändigen Durstes nach augenblicklicher Erquickung kann das Heimweh nach der neuen Welt Gottes schnell als Fernweh verblassen.

Der Abschnitt aus der Offenbarung macht es uns da nicht leichter. Er wirft ja die Frage auf: Wie kann man eigentlich Durst haben nach etwas, was man nicht kennt?

Hier wird uns ja ein Reich vor Augen gestellt, dessen Grenzen als lauter Verneinungen bestehen.

Die erste Erde wird nicht mehr sein. Keine Tränen werden da fließen. Alles, was uns peinigt und bedroht, wird nicht mehr da sein. Kein Leid wird mir angetan werden. Und auch ich werde keines mehr zufügen. Alle Völker, selbst die nichtmenschliche Kreatur, sollen dann vor uns sicher sein. Und wir vor ihr. Keine Schreie von gequälten Opfern, auch die Naturgewalten werden keinen mehr bedrohen.

So sehr diese Verneinungen der Grund sind für unser Heimweh nach dem Land, in dem wir so gern wären, es war keiner von uns dort. Und keiner kann diese Grenzen der Verneinungen überspringen. Alles, was wir zu denken vermögen, ist von unseren gegenwärtigen Erfahrungen derart geprägt, dass diese Vision eben auch kritische theologische Fragen aufwirft.

Denn wenn dann **„der erste Himmel und die erste Erde vergangen sind",** heißt das umgekehrt ja auch: Unsere gegenwärtige Erde sieht (hier) ganz schön alt aus. War die erste Schöpfung dann eine Art Fehlstart? Gerät sie – und mit ihr der Schöpfer selbst – durch diese Vision in Misskredit: Sehr gut war es womöglich doch nicht?

Wie alle Visionen ist also auch diese mindestens kühn. Und es ist gefährlich, sich in apokalyptischen Sehnsüchten aus dieser Schöpfung als missglücktem Versuch herauszustehlen.

Der Durst nach einem neuen Himmel und einer neuen Erde steht immer in der Gefahr, die soliden, die bewährten und die wirklich herrlichen Seiten der gegenwärtigen Schöpfung gering zu achten. Oder schlimmer noch, in hochmütiger Frömmigkeit über sie hinwegzusehen.

Umgekehrt wäre es aber mehr als bescheiden, wenn uns das Heimweh nach der neuen Welt Gottes verloren ginge. Nach diesem Land, in dem nichts mehr veraltet.

Denn das Neue, das wir zwar suchen, aber nicht kennen, ist hier gerade keine Verbesserung des Alten. Keine Steigerung des Bekannten. Kein Fortschritt, der bestehende Mängel behebt. Sondern ein radikal Neues. So neu, dass es eben keine Anknüpfungspunkte für unsere Vorstellungskraft gibt.

Der entscheidende Vorsatz, der über dem Wort vom Stillen des Durstes steht, heißt ja: **„Der auf dem Thron saß, sprach: Siehe, ich mache alles neu."** Vielleicht ist das der zentrale Schlüsselsatz der Offenbarung – schon deshalb, weil hier zum zweiten und letzten Mal Gott selber spricht.

Für unsere Hermeneutik, also das Verstehen von Botschaften, ist es immer entscheidend, *wer* etwas sagt.

Wenn zum Beispiel ein neuer Chef sagt **„Siehe, ich mache alles neu",** sind die Mitarbeiter eher verunsichert. Vielleicht ein wenig neugierig oder gespannt, in der Regel aber ängstlich.

Und mit Recht. Denn was da als Neu proklamiert wird, ist es in der Regel nicht. Da werden Strukturveränderungen vorgenommen, andere Formate eingeführt – alles aber genommen aus der Kiste, die bisherige Erfahrungen nur umräumt oder anders zusammensetzt.

Selbst wenn uns etwas als wirklich neu erscheint, weil es uns bislang unbekannt war, erweist es sich nach kurzer Zeit als altbacken (bis in die Beziehungen hinein). Wen wundert es, dass das angeblich Neue dann oft genug als „Verschlimmbesserung" empfunden wird.

Wirklich Neues gibt es unter dieser Sonne nicht, wusste schon der weise Prediger – vielleicht auch etwas resigniert – zu sagen.

Und in der Tat: Alles, was wir allzu schnell und kühn als Neu ausgeben, ist – wenn es gut geht – nur eine Verbesserung des Alten: Ein wenig mehr Bildungsgerechtigkeit, ein poröser Friedensvertrag, ein neues Medikament – oder schlicht die Verbesserung der Sicherheit in Kraftfahrzeugen.

Insofern wäre es ja schon etwas, wenn unser Durst groß bliebe nach der Verbesserung des Alten, nach mehr Gerechtigkeit und Frieden, nach geistlicher Frische oder Heilung der Gemeinschaft. Erst recht aber, wenn wir in der Tiefe unruhig blieben gegenüber dem gänzlich unbekannten Neuen, das Gott uns verheißt.

Denn nur diese gespannte Unruhe, dieses Zugeben unseres Nichtwissens gibt zuletzt auch dem merkwürdigen „Umsonst" der Jahreslosung einen verständlichen Sinn. Indirekt gehört es ja auch zu den Verneinungen, dass wir nichts mehr zu leisten haben, wenn unser Glaube an die Rechtfertigung dann ein-für-alle-Mal eingelöst ist.

Vorerst bleibt es dabei, dass es nichts umsonst gibt. Auch der Seher Johannes kann sich hier nicht ganz lösen von unseren menschlichen Erfahrungen. Die Verfolgungen seiner Gemeinde vor Augen heißt das: Alles hat seinen Preis – das ist nicht nur eine ökonomische Faustregel, das gilt auch für unsere seelischen Haushalte.

Aus dieser Perspektive jedenfalls gibt es das Neue, das Gott schaffen will, nicht umsonst. Wir bezahlen die Hoffnung darauf mit unserem ungestillten Durst. Billiger geht es nicht. Unser Durst ist die notwendige Währung, um das „gratis" überhaupt erst als „gratia" zu erfahren, um das Umsonst der Gnade wirklich auskosten zu können.

So gesehen erfährt das Sprichwort vielleicht noch einmal eine Wendung: Durst ist nicht schlimmer – er ist das Heimweh schlechthin, das Weh nach einem Zuhause, das keiner kennt.

Aber eben: Nur weil es Gott selber ist, der uns einerseits durstig macht, andererseits in unterschiedlicher Weise das Wasser reicht – nur weil es Gott selber ist, der ohne trennende Wände unter uns wohnen wird (übrigens die einzige, aber entscheidende „Position") – nur weil er selber Neues schaffen wird (wie es schon Jesaja 43,19 angekündigt hat) – vor allem aber, weil Gott es selber ist, der uns die Tränen abwischen wird – und zwar eigenhändig – nur deshalb dürfen wir uns auf das Unbekannte freuen.

Das aber von ganzem Herzen!

Dazu bewahre unsere Herzen und Sinne der Friede Gottes, der höher ist als alles, was wir verstehen. Amen.

17.11.2018: Römer 8,18-26
(Landessynode in der Drei-Königs-Kirche)

Liebe Pfingstgemeinde,
schau'n wir mal. Wie oft beenden wir ein Gespräch mit diesen drei Worten. Wenn es nicht weiterführt. Wenn vorerst alles gesagt ist.

„Schau'n wir mal" oder „wir werden sehen" – so abschließend diese Redewendung daherkommt, sie schlägt die Türen nicht zu. Mag Abwehr mitschwingen oder fröhliche Hilflosigkeit oder ein Seufzen – dieses „Wir werden sehen" lässt mindestens ein Spaltbreit offen, was da noch werden will.

Paulus ist hier offensiver. Unbescheiden, voller Dynamik, als sei es nicht zu bestreiten, stößt er die Türen weit auf für einen grandiosen Ausblick: **„Ich bin überzeugt, dass die Leiden dieser Zeit nicht ins Gewicht fallen gegenüber der Herrlichkeit, die an uns offenbar werden soll."**

Kein „schau'n wir mal", sondern „*logizomai*": Das ist doch klar, logisch. Befreit werden wir alle – inklusive der Schöpfung – zur **„herrlichen Freiheit der Kinder Gottes".**

Welch eine Weite der Inklusion! Zumal Paulus ja weiß, wovon er redet. Der Teilhabe aller an der **„herrlichen Freiheit der Kinder Gottes"** geht ja voraus die Teilhabe aller **am Seufzen**. Der gesamten belebten und der unbelebten Kreatur.

Dabei kennt Paulus noch gar nicht die Vermessenheit, die wir heute gegenüber unserer Umwelt an den Tag legen: Die Massentierhaltung mit ihren oft herzlosen Weisen der Schlachtung. Das Insektensterben oder die zuckende Atemnot der Wale, weil die Eisberge abschmelzen.

Offenbar hört er das Stöhnen der Kreatur lange bevor das ökologische Gleichgewicht zu wanken begann, noch ehe Flüsse ausgetrocknet und extreme Stürme ganze Landschaften verwüstet haben.

Ganz zu schweigen von dem, was wir uns untereinander antun, wie wir uns gewollt oder ungewollt schlagen. Wie wir uns raffiniert verletzen oder scheinheilig ausgrenzen.

So viel trump'sche Hornhaut auf der Seele kann man gar nicht haben, dem Apostel hier Übertreibung vorzuwerfen, wenn er diagnostiziert: **„Wir wissen, dass die ganze Schöpfung bis zu diesem Augenblick mit uns seufzt und sich ängstet. Nicht allein aber sie, sondern auch wir selbst,**

die den Geist als Erstlingsgabe haben, seufzen in uns selbst und sehnen uns nach Erlösung."

Trauen wir uns aber auch, diesem tiefen Seufzen jenes energiegeladene **„Ich aber bin überzeugt"** entgegenzujubeln?

Ich gestehe, da gehemmter zu sein. Wie soll man denn überzeugt sein, dass die gegenwärtigen Leiden nicht ins Gewicht fallen – gegenüber einer Herrlichkeit, die man nicht *sehen* kann? Heißt das nicht, sich aus den Realitäten dieser Welt wegzustehlen – einzutauchen in dieses ozeanische Gefühl, das allen Schmerz unter einem metaphysischen Hochgefühl zu versenken versteht?

Wäre es nicht der Apostel selber, der so redet, dürften wir aus guten Gründen skeptisch sein. Folgt man ihm aber und fragt, woher er die Kraft nimmt, die Tür so weit aufzustoßen, finden sich zwei Spuren.

Die eine führt zur Wirkkraft der Geduld.

Fast nebensächlich erdet er die Überschwänglichkeit, die in diesem Abschnitt jubiliert, mit dem nüchternen Hinweis: **„Wenn wir aber auf das hoffen, was wir nicht sehen, so warten wir darauf in *Geduld*."** Das griechische Wort meint: Bleiben statt Fliehen. Jenes Aushalten, das sich nicht durch Flucht entzieht. Das nicht emigriert, wenn es eng wird. Weder nach innen noch in ein geistliches Wolkenkuckucksheim.

Unsere Ungeduld, alles Erwünschte sofort und möglichst gleich zu haben, ist keine christliche Tugend.

Erstaunlich beharrlich stellen die neutestamentlichen Briefe dem ausgeprägten Enthusiasmus der urgemeindlichen Naherwartung das geduldige Warten gegenüber.

Sicher, wir haben die Leidenschaft der Naherwartung auch heute nicht verloren. Nur eben erbärmlich reduziert auf persönliche Wünsche. Und verkürzt auf die überschaubaren Räume unseres eigenen Lebens. Unser Glaube ist dagegen eine Art Trainingszentrum, in dem die Muskeln der Geduld ausgebildet – und elastisch gehalten werden. Dieses Training ist anstrengend, macht aber unanfälliger. Es erhöht die Widerstandskraft.

Die andere Spur führt hinein in die Wirkkraft des Geistes. Auch hier ist es ja nicht so, dass wir uns nicht mehr begeistern lassen würden. Solange uns Geistlosigkeit noch anstrengt, ist das jedenfalls ein gutes Zeichen.

Aber den Geist Gottes auch anders zu begreifen als einen erhebenden, prickelnden Enthusiasmus, scheint nicht unsere Stärke. Dieser Abschnitt mit seinem tiefen Seufzen scheint vom flammenden Aufbruch der Pfingsttexte so weit entfernt wie der trübe November vom leuchtenden Juni.

Es ist aber ein pfingstliches Schreiben, wenn Paulus uns erinnert, „**dass wir den Geist als Erstlingsgabe haben**". Und eben deshalb die geschundene Kreatur zuerst auf uns und unseren Esprit schaut.

Vor allem aber fährt er gleich im nächsten Vers fort: „**Desgleichen hilft auch der Geist unserer**

Schwachheit auf. Denn wir wissen nicht, was wir beten sollen, wie sich's gebührt; sondern der Geist selbst vertritt uns mit unaussprechlichem Seufzen."

Auch hier volle Teilhabe. Auch der Geist Gottes leidet mit an den Schmerzen, die wir uns zufügen. Auch er hat Teil am Seufzen – genauso wie an der Kraft der Geduld. Auch der Geist flieht nicht. Er berauscht uns nicht. Geistesgegenwart heißt ja volle Präsenz. Bis zur Erschöpfung beansprucht uns die Geistesgegenwart ganzheitlich.

Pfingsten führt uns also nicht nur in die Höhe. Sondern auch in die Tiefe. Als Kinder Gottes erfahren wir uns nicht nur begeistert, sondern auch entgeistert, leer, sprachlos. Diese Tiefe, all das, was uns schwer zu schaffen macht, ist aber nicht weniger vom Geist durchdrungen als die Lebenslagen, die uns beglückt und kreativ erheben.

In beidem vertritt er uns mit seinem eigenen Seufzen vor Gott. Und entführt uns eben auch auf diese Weise. Wie das körperliche Strecken beim Aufstehen, so streckt sich unser Glauben über das hinaus, was wir sehen, hin zu dem, was wir nicht sehen.

Alles, was sich uns entzieht, zieht uns ja irgendwie auch mit. Es zieht uns an, indem es sich entzieht.

1844 schrieb Karl Marx die berühmten religionskritischen Sätze: „Die Religion ist der Seufzer der bedrängten Kreatur …, (also) Opium für das Volk."

Er hat zwar die falschen Konsequenzen daraus gezogen, aber auch Richtiges gesehen. Denn so sehr das Evangelium nüchtern hält und den Blick schärft für das versklavende Seufzen dieser Welt, so sehr will es auch unser Bewusstsein erweitern – im guten Sinne süchtig, nämlich sehn-süchtig machen nach dem, was wir noch nicht sehen.

Paulus jedenfalls kann sich offenbar vom Geist Gottes so aus der Fessel des Daseins wegziehen lassen, dass er geradezu berauscht ist von der „**herrlichen Freiheit der Kinder Gottes**".

Dabei nicht zu wissen, was wir beten sollen, meint hier ja auch, dass wir keine Vorstellung haben von dieser Freiheit im direkten Gegenüber Gottes. Und wo uns die Kraft der Vorstellung fehlt, fehlt uns eben auch die Sprache, man kann dann nur noch hymnisch stottern.

Schließlich geht es um eine Freiheit, die sich nicht mehr nur bemisst am Recht der Anderen. Es geht um eine Liberalität, die sich nicht verteidigen muss gegenüber ängstlichen oder arroganten Konservatismen. Also um eine Freiheit, die einem die Sprache verschlägt.

„Einfach dazugehören." Diesem schönen Motiv der Inklusion entsprechend, bedeutet das: Es gibt dann keine Barrieren mehr zwischen Gott und uns Menschen. Kein Seufzen und keine Schmerzen, die unsere Sinne trüben. Keine Wände und keine Stufen zwischen Gott und uns. Es ist die Teilhabe an einer Gemeinschaft, von der Paulus überzeugt ist, dass wir uns die Augen reiben werden.

„Schau'n wir mal." Halten wir uns offen, wenn Gespräche oder unsere gegenwärtigen Überlegungen vorerst nicht weiterführen. Offen für den wunderbaren Hintersinn dieser drei Worte: „Wir werden sehen!"
Dazu bewahre unsere Herzen und Sinne der Friede Gottes, der höher ist als alles, was wir verstehen. Amen.

30.11.2018: Psalm 96,3
(Kirchenleitung, Verabschiedung in der Kreuzkirche)

Im Eingangspsalm haben wir eingestimmt in die Aufforderung:
„Erzählet unter den Heiden von seiner Herrlichkeit, unter allen Völkern von seinen Wundern."
Der Herr segne an uns dieses Wort.

Liebe Gemeinde an diesem Freitag Abend,
es ist noch nicht lange her, dass in einer Sendereihe des MDR-Kultur ausgewählten Interviewpartnern die Frage gestellt wurde: **„Was finden Sie schwerer: Anfangen oder Aufhören?"**
Ich habe dabei immer gedacht: Hoffentlich musst du nicht darauf antworten. Heute würde ich sagen: Beides ist ganz schön schwer.
Und zwar in dieser Reihenfolge:
Beides. Es gibt ja kein Anfangen ohne Aufzuhören. Und kein Aufhören ohne Anzufangen. Beides ist so

innig ineinander verknetet wie ein Brotteig, der nur so zu gären und zu reifen vermag.

Beides ist aber auch **ganz**. Es verändert den Körper, die Seele und den Geist spürbar und wechselseitig. Ganzheitlichkeit ist zwar ein Modewort geworden, aber es trügt. Die tatsächliche Gebrochenheit unserer Wirklichkeit versuchen wir damit irgendwie zu kitten.

Es ist gerade das Fragmentarische, das den Raum offen hält für den, der die klaffenden Lücken füllen kann. Nur in diesem raumgreifenden, die Lücke aushaltenden und eben bejahenden Sinne ist beides tatsächlich ganz.

Beides ist aber auch **ganz schön.**

Es wohnt ja nicht nur jedem Anfang ein Zauber inne. Auch das Aufhören kennt einen solchen. Wie das Licht einer tief liegenden Sonne verändert es die Farben.

Wir begreifen die Schönheit des Lebens ja nur deshalb, weil es das Aufhören gibt. Und in ihm eben auch dieses herbstliche Weh, das um Unwiederbringliches weiß.

Gesetzte Grenzen verändern also die Perspektiven. Und setzen auf diese Weise frei die Doppeldeutigkeit des Aufhörens: Das Lassen einer Sache, um auf-zu-hören, also zu lauschen auf Dinge, die der dröhnende Alltagslärm normalerweise verschluckt.

In diesem Sinne lassen Sie uns hinhören auf die Einladung des Psalmbeters: **„Erzählet von seiner Herrlichkeit"**.

Leicht ist das nicht. Im Gegenteil: Auch die Herrlichkeit Gottes ist ganz schön schwer.

Mindestens im Alltag gebrauchen wir das Wort ja selten. Vielleicht bei einem Sonnenuntergang, einem guten Witz oder einem gereiften Wein – herrlich.

Indes das Hauptwort – haben wir es womöglich deshalb in einem Seitenregal unseres Sprachschatzes abgelegt, weil wir ahnen: So leicht ist es nicht, wie wir es gebrauchen?

Im biblischen Sinne jedenfalls bedeutet Herrlichkeit: Schwere. Gravität – vielleicht wie eine Schwangerschaft.

„Kawoth" im Hebräischen bedeutet „eine Last aufgelegt bekommen". Es kann auch mit „ehren" übersetzt werden. Aber eben diese Ehre kann so schwer auf einem lasten, dass man wie Mose zu klagen beginnt: „Soll ich denn dieses ganze Volk in meinen Armen tragen wie eine Amme?" Es ist ihm zu schwer – so wie uns das uns Anvertraute zu schwer werden kann. Etwa die Verantwortung für komplexe Arbeitsbereiche, komplizierte Zeitgenossen, die Last familiärer Beziehungen mit ihren Zerreißproben oder Fehler, hinter die wir nicht mehr zurückkommen.

Sollen all diese Gewichte tatsächlich auch ein Ausdruck der Herrlichkeit Gottes sein?

Als Theologen sind wir geschult in der klugen Unterscheidung Luthers zwischen einer Theologie des Kreuzes und der der Herrlichkeit.

Die hebräische Bibel unterscheidet so gerade nicht. Die Herrlichkeit Gottes umfasst hier die ganze Wucht des Schmerzes, des unerlösten Daseins wie auch die erhebender Pracht. Schon wenige Verse später heißt es in unserem Psalm: **„Hoheit und Pracht sind vor ihm, Macht und Herrlichkeit in seinem Heiligtum."**

Davon also sollen wir **„erzählen unter den Heiden",** von seiner **„Herrlichkeit und seinen Wundern".**

Wie kann das gehen? Womöglich so leichtfüßig wie die Freudenboten, von denen wir in der ersten Lesung gehört haben?

Einfach wäre das, wenn die Herrlichkeit Gottes allen offensichtlich wäre. Was wir da mit uns herumtragen und verbreiten sollen, ist aber kein lustiger Filmspot. Sondern das Geheimnis Gottes.

Und vom Geheimnis Gottes zu reden, scheint mir nur möglich, wenn es bewohnbar ist. Bewohnbar wie ein Raum, der – wie jedes Geheimnis – nicht endgültig zu erhellen ist.

Der aber zu leuchten beginnt – wohl eher aus indirekten Lichtquellen, solchen, die die Schatten erst betonen. Etwa im Zwielicht unsere Enttäuschungen, auf denen ja immer der Schmerz lastet, der die Befreiung von einer Täuschung begleitet.

Oder im Licht der Erschütterungen, die bedrohliche Risse in die Wände unserer Behausung, in ihre fensterlose Immanenz bringen.

Genau in diesen Rissen leuchtet aber etwas auf von der wunderbaren Mehrdimensionalität unseres Lebens.

Bewohnbar ist das Geheimnis der Herrlichkeit Gottes aber mehr noch im warmen Licht guter Erfahrungen, wie sie zum Beispiel in den beiden Lesungen aufleuchten.

In ihm sieht der Prophet Jesaja die lieblichen Füße der Freudenboten, die Heil verkündigend über die Berge springen. Im Herzen und auf der Zunge die Botschaft: Kommt nach Hause! Endlich die Verbannung im Rücken, werdet ihr zwar Trümmer vorfinden. Aber woher ihr auch einst gekommen seid – hier erwartet euch Frieden!

Heute springen die Herolde durch die sozialen Medien. Wie lieblich sind die Tasten der Smartphone! Im vollen Sinne des englischen „smart". Das Hüpfen darauf, wir wissen es, kann jämmerlich abhängig machen. Man kann dabei auch stürzen und in dunkle Abgründe geraten. Aber es ist eben auch ein wunderbarer Raum für Freudenbotschaften. Ein Feld für Signale, bei denen das Herz zu hüpfen beginnt. Einfach herrlich.

Oder der Lobpreis Jesu in der Evangelienlesung. Nicht denen, die sich für klug halten – oder den wirklich Gescheiten (die aber auf die einfache Frage, wie spät es ist, erst das gesamte Uhrwerk erklären müssen), nicht ihnen ist Gottes Wohlwollen offensichtlich.

Es leuchtet vielmehr auf in den Unmündigen, der herrlichen Art vieler Kinder oder in der wunderbaren Einfalt, oft auch der Geradlinigkeit einfacher (aber nicht dummer) Menschen. Selbst in ihrem Eigensinn reflektieren sie mehr von der Herrlichkeit Gottes als jene, die die Zerklüftung unserer Herzenslandschaft mit raffinierter Scheinheiligkeit zu überblenden suchen.

Zuletzt: Auch Jesus weiß, wie oft wir mühselig und beladen sind. Im Bild der Jochstange, die uns schwer auf der Schulter liegt, drückt auf der Seite das Gewicht persönlicher Nöte, auf der anderen Seite die Welterfahrung als Ganzes. Auf ihn zu sehen heißt aber: Gerade unter dieser beidseitigen Last finden wir Ruhe für die Seele.

Das schöne alte Wort „erquicken" meint dabei nicht Friedhofsruhe oder Stillstand, darin steckt vielmehr ein „quick lebendig" (ähnlich dem Queck-Silber).

Und ist es nicht auch hier so, dass unter dieser Lichtquelle selbst die Plage, oder das bewusste immer wieder „An-die-Grenzen-der-Kraft-gehen", dieses „Sich-selber-spüren" belebt, also erquickt und eben darin eine ganz eigene Weise der Ruhe verschafft? Einfach herrlich.

Davon also sollen und dürfen wir erzählen. Allen Völkern von der Herrlichkeit Gottes.

Die ganz schön schwer ist. Aber bewohnbar. So, dass jeder Augenblick sein eignes Gewicht bekommt. In diesem Geheimnis Heimstatt haben zu dürfen, macht alle Schwere manchmal leicht – immer aber ganz und schön.

Darin bewahre unsere Herzen und Sinne der Friede Gottes, der höher ist als alles, was wir verstehen. Amen.

6. Kapitel

Zwischentöne

Die folgenden Kalenderblätter beschreiben erste Erfahrungen im und mit der (tatsächlich so empfundenen) „Versetzung" in den Ruhestand. In der Regel haben sie einen konkreten Anlass, auch der Dialog zwischen Maria und Martha (2.3.19) bezieht sich auf Lukas 10,38-42, den Predigttext des Sonntages Estomihi.

08.01.2019: Inkubation

Das Vorhaben des Rückzuges im Januar war wohl richtig. „Incubo" bedeutet in oder auf etwas liegen. In der Antike auf den Tempelschlaf bezogen (um göttliche Belehrung zu erträumen), meint es heute eher biologisch das Ausbrüten einer Krankheit oder von Eiern.

Dieses Ruhehalten habe ich anfangs genossen, überrascht auch von der Schönheit des Banalen und der Freiheit, die sowohl Ruheständler wie Menschen im Arbeitsdruck mir nahelegten. „Das Alter hat die Heiterkeit dessen, der seine Fesseln los ist und sich nun frei bewegt." Diesem Schopenhauerzitat (Motto eines Dankesbriefes) stand ich immer skeptisch gegenüber, zumal ich meine Arbeit selten als Fessel empfunden habe, ja Fesseln auch Entlastendes haben können. Dennoch war und ist die

Drucklosigkeit des Daseins seit der Verabschiedung tatsächlich angenehm.

Inzwischen keimt in allem Wohlbefinden auch Ungemütliches, Behagen mischt sich mit Unbehagen. Ich fülle die Leere durch Aufräumen in meinem Zimmer. Dass es lichter wird, tut gut, auch wenn ich das Aussortieren nur halbherzig vollziehe. Es ist anstrengend, zeitaufwändig und aufschlussreich zugleich. Bilder, Texte, vergessene Erfahrungen der Vergangenheit tauchen auf. Ich lasse liegen oder ordne neu zueinander, was mir wichtig war. Wissend auch, dass das alles nur für mich selber bedeutsam ist und allenfalls Einzelnes womöglich noch einmal aufgegriffen werden könnte. Eben das nährt auch meine Unruhe: Was (und für wen) lohnt, noch einmal weiterzudenken? Wird es künftig auch ein inhaltliches Thema geben oder wird es nur auf seelische Stärken ankommen, die der Altersbewältigung dienen?

Beunruhigend ist auch, wie sehr das Glücksempfinden von der Gestimmtheit bestimmt wird, ganz unabhängig von äußerlich guten oder weniger guten Bedingungen. Letzteres ist nicht unwichtig und in unserem Fall beschämend. Ob wir uns in diesem Raum heiter bewegen, liegt aber nicht allein in unserer Hand. Sicher ist Disziplin ein Instrument, Rhythmen und Impulse fruchtbar zu verteilen. Auch die Erfahrung, im Ruhe(zu)stand auf ein originales Mittelmaß zu schrumpeln, ist nicht ungesund.

Offenbar gibt es wie in der Pubertät auch im Altern schmerzhafte Wachstumsschübe, die des warmherzigen Wohlwollens anderer bedürfen. Die Wahrnehmung, „schön, dass du da bist", tut mir gut, streitet aber mit der „nicht gebraucht zu werden". Jedenfalls im naheliegenden, direkten Sinn – wo ich indirekt gebraucht werde, lässt sich schwer fassen.

All das gärt in mir, was dem Kokon entkriechen wird, ist offen. Oder in einem anderen Bild: Noch immer reibe ich mir die Augen und frage mich erstaunt auf dem Grund des Brunnens wie die Marie in Frau Holle: „Wo bin ich?" Welche Äpfel hier geschüttelt und welche Brote hier herausgezogen werden wollen – es wird sich im Weitergehen finden.

20.03.2019: Vom Ende her denken

Heute wäre meine Mutter 92 Jahre alt geworden. Ein Jahr der Trauer habe ich nicht gebraucht. Ob das auch vom Berufsleben gilt? Ich weiß es nicht. Was ich inzwischen aber weiß: Der immer wieder sogenannte „wohlverdiente Ruhestand" ist nicht wohl verdient. Er ist das pure Geschenk. Und wie jedes große Geschenk nicht einfach anzunehmen. Noch immer fällt es mir nicht leicht, mitten in der Woche zu bummeln, durch Museen oder wandern zu gehen. Noch immer ist es putzig, so viel Zeit zu haben und sich an manchem Morgen zu fragen: „Was solltest Du heute tun?"

Aber ich beginne, selbst die Langeweile schön zu finden. Also dem, was lange Weile braucht, auch Raum zu geben. Ich beginne, der „Intelligenz" des Banalen nachzuspüren. Also das „Dazwischenlesen" (inter-lego) in simplen Alltagserfahrungen zu lernen. Immer noch bestreite ich deren Recht auf wuchernden Wildwuchs. Banalität hat ein vereinnahmendes Wesen, ihre Geiltriebe müssen auch beschnitten werden. Ob und wie lange die Schere im Kopf dazu scharf genug bleibt, hängt sicher auch davon ab, was Körper und Geist zu unternehmen noch bereit und in der Lage sind.

Zwei Tagungen im Februar, drei Beerdigungen (heute nehmen wir an einer teil), der nicht ausbleibende Sog dunkler Strudel haben Energie gekostet. Runde Geburtstage (Ritas 65. und mein 66.) treten in das Blickfeld. Aber auch die Aussicht auf fünf Wochen Kanada und gemeinsame Ausflüge lichten das Dasein. Und so beginne ich entspannt und nicht lustlos an den ersten Predigten und Vorträgen zu arbeiten. Gratulation! Die Ehre freilich gebührt nicht mir. Die Abwesenheit von Depressionen halte ich jenseits aller menschlichen Umgangsmöglichkeiten immer mehr für Gnade, also ein wohlwollendes Herabbeugen Gottes. Ihr Kommen und Gehen ist wie der Wechsel von kalten Regen- und warmen Sonnentagen auf einer Radtour – eine extreme Herausforderung angesichts des einfach Aushaltenmüssens.

Die mir immer wieder gestellte Frage, ob ich im Ruhestand (gut) angekommen bin, kann ich nur so beantworten: Langsam legt sich die Befremdung der Versetzung – die ist es ja wirklich – in den neuen Raum. Fremdes wird vertraut, die Grundausstattung ist geklärt, auch wenn ich in der Möblierung noch etwas hin und her schiebe. Ein Geburtstagsgeschenk ist mir, was Hugo von Hofmannstal so formuliert hat: „Reifer werden heißt, schärfer trennen und inniger verbinden." Tatsächlich sieht man vieles schärfer, bis in die Anfänge hinein scheinen jedenfalls manche Konturen klarer zu werden. Aber auch die wärmenden, innigen Verbindungen werden wichtiger. Vielleicht rückt man auch hier wieder näher an die Anfänge der Kindheit heran. Ganz anders freilich, und auch das ist ein Geschenk: Alles, was geschieht und man tut, denkt man nicht mehr vom Anfang, sondern vom Ende her.

20.04.2019: Der stille Sonnabend

Unbeachtet, Füllmasse im Kalender. Karsamstag. So gestaltlos, dass man ihn am besten übergeht. Etwas widerwillig mag ich ihn. Diesen Tag dazwischen. Diese Zwischenzeit. Zugleich quälend konkret und zeitübergreifend, unbestimmt, metaphorisch. Diese Lücke zwischen allem, was Gestalt hat. Zwischen Müdigkeit und Spannung. Zwischen Einatmen und Ausatmen. Zwischen abklingendem Schmerz und aufklingender Erwartung. Zwischen Ideenlosigkeit und schwachen Versuchen, Gedanken irgendwie zu formen. Altes, früher Gedachtes verliert an Konturen, Neues ist nicht in Sicht. Nichts habe ich in der Hand, weder Vergangenes noch Zukünftiges. Unfreiwillig dazwischen.

Der stille Sonnabend ist die Zeit zwischen dem, was gestern gestorben ist und morgen ganz anders sein kann. Zeit des Unterbewussten, Träume und Enttäuschungen verknetet zu einem Teig, der unsichtbar gärt. Nur Christus steigt hinab in die unterirdischen infernas (wie sanft ist unser Credo heute gegenüber früherer Wucht: „hinabgefahren zur Hölle", „descendit ad inferos"). Was er dort tut, weiß ich nicht. Aber er ist da: nicht triumphierend, nicht leidend, eben gestaltlos. Ich finde das tröstlich. Diese Ahnung gibt der Zwischenzeit ihre eigene Würde. Jenen Gehalt, der sich seine eigenen Wege suchen wird.

Und vielleicht stellt sich ja die Bedeutungsverschiebung von „inter-esse", dem Dazwischensein tatsächlich ein – hin zu belebender Neugier.

02.03.2019: Dialog zwischen Maria und Martha

„Maria? Maria! Kannst Du mal kommen?" Sie spürt den Vorwurf, weil sie am Schreibtisch sitzt. Angeblich schon wieder, dabei erledigt sie nur Post, die beide angeht. „Sind wir nicht im Ruhestand? Ich staune, was Du nur immer zu tun hast…" Artig steht Maria auf, Martha mag es, wenn sie den Karren ihres Haushaltes führen wie zwei an eine Deichsel Gespannte. Außerdem hat sie Druck, weil sich Besuch angemeldet hat. Maria spurt, räumt den Spüler aus, das Bad auf, besorgt Wasser. Nicht ungern übrigens, nicht nur weil Besuch zu empfangen anregend ist und schön, sondern weil derartiges Agieren auch ihr Genugtuung verschafft. Allein das unverblümte Eingespanntwerden durch Martha hinterlässt einen sanften Groll.

Immerhin: Also aufgestöbert ist ihr Martha nicht nur auf den Leib – sondern in ihn hinein gerückt. Und dort gerät der äußere Wortwechsel zu einem inneren Streitgespräch – gleich zwei Stimmen in (m)einer Brust:
„Dein Drang, jede Ecke und jedes Regal unaufhörlich und gründlich zu reinigen, ist wirklich übertrieben".
„Und Deine Neigung, jede Ecke des Verstehens auszuleuchten und jeden armseligen Gedanken vom Schmierfilm des Banalen zu reinigen, ist das nicht auch eine Putzsucht, die mehr als übertrieben ist?"
„Wahrscheinlich hast Du recht, aber die Bewegung des Geistes verschafft mir Genugtuung – ja paradoxerweise Entspannung – wie anderen der Einsatz körperlicher Kräfte. Irgendwie scheint beides jenem Wohlbefinden zu dienen, das aufgeräumte und saubere Räume hinterlassen."

„Mich nervt nur Deine Seelenruhe. Oder ist es dicke Haut? Früher hast Du das Streiten mit anderen mir überlassen, heute die Kommunikation."

„Und mich nervt, dass Du über jedes Stöckchen springst, das man Dir hinhält. Auf jede Nachricht, jedes Anliegen springst Du an, als hättest Du darauf gewartet. Was mir eher Pein ist, die Dauerkommunikation dank sozialer Medien, ist Dir mehr Freude. Klar, dass Du so nicht zur Ruhe kommen kannst."

„Bist Du denn wirklich ruhig? Deine Art zu denken und aufzuschreiben ist doch auch ein Ausdruck anhaltender Unruhe. Du gehst nur anders um damit, als ich es vermag."

„Offenbar teilen wir die Erfahrung, aber eben nur auf unterschiedliche Weise: Jedes Bemühen, von sich selber abzusehen, stößt uns wieder – wenn auch anders – auf uns selber."

„Warum streiten wir uns dann? Festzuhalten das, was uns lieb ist, gelingt doch weder Dir noch mir. Außen- oder innengeleitet ist dabei schuppe."

„Vielleicht weil wir Schwestern sind. Ach, Martha, wir sind uns wohl zu nahe, eben verwandt.

Verwandt heißt ja auch jenseits biologischer Abstammung einander permanent zugewandt sein. Das Lateinische setzt hier noch eins drauf: Der einem anderen Zugewandte ist der ‚adversarius', also der Gegner. Vielleicht besteht deshalb zwischen Feinden mehr Ähnlichkeit als zwischen Freunden. Während Freundschaft vom Anderssein, von der Freude an der Differenz lebt, richtet sich der Feind-

selige immer an seinem Gegner aus, ahmt ihn nach, jede Bewegung befiehlt die Gegenbewegung …"
„Hauen und Stechern, Fechten nichts als Spiegelfechterei – das Verhalten alter Ehepaare scheint das gelegentlich ebenso zu bestätigen wie das politischer Konfliktparteien oder gar in militärischen Auseinandersetzungen."
„Verwandtschaft, selbst Seelenverwandtschaft ist aber doch auch ein Vermögen."
„Sicher, leider zeigt sich das oft erst in der Krise. In der freilich verlieren sich die Unterschiede zwischen Verwandtschaft und Freundschaft. Komm, Schwester, lass uns den Tisch decken, wir haben Besuch …"

30.04.2019: Sechsundsechzig Jahre

Fast alle Gratulationen (die Zahl der Karten ist auf vier gesunken, die der Mails steigt proportional) heben auf den ersten Geburtstag im Ruhestand ab, etwa: „Der erste Geburtstag als Pensionär ist wohl durchaus etwas Besonderes, man ist noch nicht sehr weit weg vom Amt und Würden, aber vermutlich auch noch nicht ganz dort angelangt, wo man hinzukommen wünscht. Wir glauben, dass es ein interessanter und erfüllter Weg sein wird, den Du findest …" Oder: „Wie mag es Dir gehen im Ruhestand? Kannst Du ab und zu Ruhe genießen? Wir wünschen es Dir – und außerdem viele Aktivitäten, die Dir gut tun und bei denen Du merkst: Gebraucht wirst Du nach wie vor." Einige zitieren Udo Jürgens „mit 66 Jahren, da fängt das Leben an ... mit 66 Jahren, da hat man Spaß daran".

So bewegend die Anteilnahme ist, so sehr scheint sie mir von einer Ruhestandsmentalität auszugehen, die ich nicht teile. Nämlich endlich das tun zu können, was liegengeblieben oder nachzuholen eine Freude ist. Im Grunde leben diese Gedanken von der Annahme, dass das Bisherige einerseits mangelhaft war, andererseits auf dem Polster erarbeiteter Verdienste ruht. Der Ruhestand ist so gesehen das Resultat eines arbeitsreichen Lebens, das gesichert auf dem Konto liegt. Und insofern die Fortsetzung desselben unter einem anderen Vorzeichen.

Meine Erfahrung ist das nicht. Das Neue empfinde ich nicht als ein Resultat, aufsitzend auf dem gängigemn (auch im Englischen gemeinten) Sinn von Ergebnis, Erfolg, Schlussfolgerung oder Wirkung.

Der Wirklichkeit entsprechender scheint mir die ursprüngliche lateinische Bedeutung von „resultare": zurückspringen, zurückprallen. In dieser Bedeutung ist das Resultat einer Sache oder Lebenslage nicht ihr Ende, sondern ihr Anfang. Wir sind zwar immer unterwegs zu unserer Vergangenheit, aber wir können dabei nicht auf ein erarbeitetes Konto zurückgreifen, von dem ich unbesehen und jederzeit abheben könnte.

Mir jedenfalls kommen erarbeitete Ergebnisse und Erfolge immer mehr abhanden. Sie verlieren ihr Gewicht, verblassen, geraten in Vergessenheit. Seltsam, diese Form der Demenz: immer mehr ohne erarbeitete Vergangenheit zu leben, manchmal bedauerlich und doch auch befreiend.

Nur: Auf welche Anfänge springe ich denn zurück? Auch sie kann ich schwer fassen, auch hier lebe ich von Anfängen, die sich versteckt halten. Nicht wegen ihrer Trivialität stimmt die saloppe Formel „Zurück auf Los" nicht. Sondern weil das „Los" nicht zu verorten ist.

07.05.2019: Schwarz-Weiß

Wir sehen zuerst Schwarz. Optisch, aber auch einer Veranlagung folgend. Schwarz zieht mehr an als das blendende Weiß. Zum Beispiel in einer Ausstellung: Faszinierender als Buntfotografien, die zwar die Wirklichkeit korrekter abbilden, sind Schwarz-Weiß-Fotografien. Sie heben Konturen hervor, inszenieren Zwischentöne, mischen sich zum Grau, der Farbe der Asche und mancher Ordenskleidung. Schwarz als uranfängliche Dunkelheit symbolisiert nicht nur das Böse, Verzweiflung und Tod, es ist auch vornehm und signalisiert Feierlichkeit. Letzteres verbindet das Schwarz mit dem Weiß, dessen Symbolkraft von Licht über Unschuld bis hin zur Kapitulation reicht. Ich erinnere mich, als Kind erschrocken wahrgenommen zu haben, wie beim Malen mit vielen bunten Farben mehr Schwarzbraun entstand, als ich wollte. Und wie ärgerlich ein schwarzer Striemen auf den weißen Kniestrümpfen wirkte. Womöglich erstickt die Fülle des Lebens im Schwarz, während das Weiß offenbar alles abweist?

Die einfache Denkfigur, der nach Schwarz und Weiß für Negatives oder Positives stehen – oder überhaupt für den Gegensatz, ist jedenfalls zu grob. Notorische Schwarzseher sind zwar mühselige Zeitgenossen, Daueroptimisten indessen nehmen sich leichtfertig bis dumm aus. Wo ich mich eher hingezogen fühle, hängt von verschiedenen Konstellationen ab.

Entscheidender scheint mir aber, dass es neben der optischen Anziehungskraft der dunkelsten Farbe und der Veranlagung zum Schwarzsehen (selbst in den Ostergeschichten) eine weitere Bedeutung gibt, die die Schwarz-Weiß-Kontur tatsächlich adelt: Die Schrift auf einem weißen Blatt. Sätze bilden, Schreiben, Lesen sind ohne diese Materialisierung von Licht und Dunkel nicht möglich. Auf dem Weg, der uns zur Erkenntnis der Welt und unserer selbst führt, bleiben Denken und Verstehen angewiesen auf diesen Kontrast, der aus einem weißen Blatt ein beschriebenes macht. Jedes Buch zeugt von diesem Wunder. Sogar verstümmelte Sätze, wie wir sie per Email oder App hinwerfen, vermögen etwas von diesem Wunder der Offenbarung zu transportieren. Nach dem ersten Petrusbrief ist die Gnade Gottes bunt. So vielfarbig wie unsere menschlichen Gaben (1. Petr 4,10). Buntheit also als Folge des göttlichen

Lichtes, das sich nicht auf Schwarz-Weiß-Kontraste reduzieren lässt. Dennoch: Im Blick auf deren starke Konturbildung könnte man denken: Der Glaube schreibt seine Sätze in heller Farbe auf dunklem Untergrund. Wie Kreide auf grünen Tafeln oder den Schiefertafeln meiner Kindheit formt der Glaube vorläufige Sätze, die ohne den dunklen Hintergrund aller Erfahrung keine Offenbarung wären.

27.05.2019: Gedämpfte Inspiration

Irgendwann haben wir begonnen, das Frühstück im Ruhestand mit einem Impuls zu verbinden. Wir haben ja nicht nur mehr Zeit, sondern auch weniger zu reden. Anregungen aus der Losung zu bekommen gelingt nicht, sowohl das Ritual als auch die Texte selbst lassen sich nur schwer aus Bekanntheit und Routine befreien. So versuchten wir es mit Brevieren: Bekannte Theologen erwiesen sich indes als zu anstrengend (weil kompliziert), die eirenischen, vor allem aber idealistischen Textsammlungen Tolstois gingen alsbald auf den Geist. Als abwechslungsreicher und inspirierender stellten sich dann die Andachtshefte (biblische Texte, Gebete und Betrachtungen) der 70er bis 90er Jahre heraus, auch wenn sich der Zeitgeist in manchen Texten deutlich bemerkbar macht.

Aber auch hier ergeht es mir oft wie mit den floppigen Weisheiten oder Tagessprüchen, mit denen heute Restaurants und Fitnesszentren aufwarten: Sie leuchten ein, es leuchtet etwas auf, ich bin erfreut über einen Erkenntniszuwachs oder ich stimme gern zu, weil es überraschend eine Erfahrung trifft, die mir nicht gegenwärtig war. Alsbald aber legt sich so gut wie immer ein relativierendes „Aber" quer. Je kürzer, prägnanter und die Wirklichkeit treffender ein Text ist, um so einseitiger scheint er bei längerem Bedenken. Gegen jeden Satz wehrt sich ein Gegensatz.

Im Grunde wirken all die Weisheiten und klug formulierten Perspektiven wie ein Lichtkegel, der sich erhellend auf eine zerklüftete Felslandschaft richtet und darin einen Ausschnitt überraschend neu beleuchtet. Da sich diese Lichtkegel so vielfarbig ausnehmen wie die subjektiven Absender, gleicht dieses Aufleuchten einem Spektakel, das die Wirklichkeit punktuell interessant macht, aber nie richtig – und schon gar nicht im Ganzen erfasst.

Nur, was ist das – das Ganze? Und außerdem: Richtet sich die Kritik nicht auch gegen mich selbst? Denn so gern ich mich an solchen Illuminationen beteiligen möchte – und das ja mit kleinen Texten, Predigten und Briefen auch tue, so sehr leide ich an meinem Ungenügen. Lichtschärfe, Reichweite oder kreativer Linsenwechsel lassen zu wünschen übrig – Dilettant eben, Liebhaber und Stümper in einem. Insofern bin ich auch nicht unbefangen, wahrscheinlich ist das vernünftig und behindernd zugleich.

Innerlich lehne ich mich auf gegen die Einfallslosigkeit und mir gegebene Begrenzungen, leide aber zugleich unter der Kraftlosigkeit der Auflehnung. Kurz: Kreative Möglichkeiten nicht ausschöpfen zu können – das mache ich mir und meinem Schöpfer zum Vorwurf. Wenn auch gehemmt: Was, wenn diese gedämpften Begrenztheiten im Scharfsinn, der Hellsicht und Formulierungskraft auch schützend wären? Wenn es nicht auszuhalten wäre, die ganze Wahrheit, also das Nicht-mehr-Latende (gr. a-letheia) zu erkennen?

7. Kapitel

Ach du liebe Zeit

Seit Beginn des Jahres hat mich ich die Frage bewegt, im Sommer an einer Floßreise in Kanada teilzunehmen. Fünf Wochen haben wird uns dann Zeit genommen, das Gefährt zu bauen und hernach zu steuern. Mit dieser besonderen Reise hat nicht nur das Ankommen und Einüben des Ruhestandes einen gewissen Abschluss gefunden, auch die Bedeutung des Unterwegsseins und das oft verwirrende Zeitempfinden kamen noch einmal anders in den Blick.

Mein Gott, wo ist die Zeit hin?

„Ach du liebe Zeit!" Dieser Stoßseufzer entfährt uns ja öfter – kaum als Liebeserklärung an die Zeit. Sondern als ein Erschrecken, das verwundert fragt: „Mein Gott, wo ist die Zeit hin!"

Ja, wohin?

Wer so fragt, findet sich in keiner schlechten Gesellschaft. Ist doch die Frage schon eine biblische. So setzt etwa der Beter des 31. Psalms seinem **„Ich aber, Herr, hoffe auf dich"** die schlichte Antwort hinzu: **„Meine Zeit steht in deinen Händen."**

Genügt das zu wissen? Der heilige Augustinus suchte dem Geheimnis der Zeit noch gründlicher auf die Schliche zu kommen. Ihrem Wesen wollte er auf die Spur kommen. Freilich mit dem Ergebnis:

„Was ist denn die Zeit? Wer kann das leicht und schnell erklären? … Wenn niemand mich danach fragt, weiß ich es. Wenn ich es aber jemandem erklären soll, weiß ich es nicht." (Confessiones XI)

Viel klüger sind wir bis heut nicht geworden. Noch immer geraten wir ins Stottern, wenn wir erklären sollen, was die Zeit ist.

Nicht nur bei Zäsuren oder Jubiläen erleben wir das: Immer, wenn sich Menschen nach vielen Jahren begegnen – kaum haben sie sich wiedererkannt, verschwimmen die Grenzen von Zeit und Raum. Vergangenheit springt in die Gegenwart – nahezu ununterscheidbar werden beide eins. Anderes bleibt weit entfernt. Oder es verliert sich ganz, was sich ohnehin nicht nahe war.

So reizvoll das Wesen der Zeit ist – ihr Geheimnis, jedenfalls ihr himmlisches, ergründen wir nicht. Wir merken nur, dass sie mit uns geht und an uns arbeitet. Lautlos, aber wirkungsvoll.

In unterschiedlichen Gestalten tut sie das.

Zunächst begegnet sie uns als Künstlerin. Mit einer wundersamen Vielfalt bemalt sie Wolken, den Himmel, die Blätter – jedes einzelne ein Kunstwerk mit wechselnden Farben. Uns Menschen schnitzt sie feine Falten in die Haut und tönt nicht nur die Schläfen silbrig grau.

Die Zeit begegnet uns aber auch als Erzieherin. Diskussionslos nimmt sie uns weg, was wir zu brauchen meinen. Und sie schenkt uns, was wir uns nicht gewünscht haben. In ihrer strengen Unerbittlichkeit kann uns die Zeit auch quälen. Die Liebe einer solchen Erzieherin zu uns ist wahrlich nicht immer leicht als Liebe zu erkennen.

Schließlich ist sie eine leidenschaftliche Sammlerin. Sie sammelt Geschichten. Immer größer werden ihre Scheunen. Heute wachsen die Speicher der modernen Kornbauern digital ins Unermessliche. Obwohl Bücher, Chroniken und Archive als institutionelle Gedächtnisse nicht an Bedeutung verlieren. Was ist da nicht alles gesammelt, von dem, was vergessen schien – oder was wir noch gar nicht gewusst haben. Beglückendes, aber auch Schmerzhaftes sammelt die Zeit.

Und darum ist es gut, dass sie uns zuletzt auch als Ärztin begegnet. Sie heilt Wunden. Sie verteilt bittere und sanfte Arznei – manchmal auch Plagiate – aus der Hausapotheke Gottes.

Vier Gestalten, in denen die Zeit an uns arbeitet. Wer wüsste nicht, dass es weitere gibt. Den Kummer etwa, gerade dieser Psalm weiß ein Lied davon zu singen, wie auch Schmerzen an uns arbeiten. **„Gleich einem zerbrochenen Gefäß“** fühlt sich der Beter zuweilen.

Umso erstaunlicher, dass all sein Jubel und aller Schmerz in das Vertrauen münden: **„Ich aber, Herr, hoffe auf dich und spreche: Du bist mein Gott! Meine Zeit steht in deinen Händen.“**

Im Hebräischen ist „Zeit“ ein Plural. Also: „Meine Zeit(en), meine Vergangenheit, die Gegenwart und meine Zukunft stehen in deinen Händen.“

Diese haltenden Hände sind wie eine Klammer, die die reich bebilderte Partitur unseres Lebens nicht in lose Blätter zerfleddern lässt. Vielmehr weil diese Partitur sozusagen fest gebunden in Gottes bergenden Händen liegt, kann sie aufgeschlagen – und ihr Inhalt zum Klingen gebracht werden.

Muss man mehr über die Zeit wissen? Und meldet sich in der vordergründigen oder erschrockenen Klage „Ach du liebe Zeit" womöglich dann doch zu Wort, was der Stoßseufzer eigentlich formuliert – eine Liebeserklärung an die Zeit?

Noah musste nicht lenken.
Betrachtung einer außergewöhnlichen Reise
(August 2019)

Noah musste nicht lenken. Und als er aufsetzte, war das eine Erlösung. Natürlich hat diese biblische Urgeschichte nichts mit unserer Reise zu tun. Wir hatten das Abenteuer ja gesucht, wir wollten etwas „riskieren" – im Wortsinne nämlich „das Wagnis, Schiffe durch gefährliches Wasser zu navigieren".

Noahs Auftrag war das nicht. Und dennoch musste ich oft an diese Erzählung denken. Schon der Bau des Floßes erinnerte an so manches Bilderbuch vom Bau der Arche. In drei Teilen setzten wir aus Altholzpaletten, Bohlen und Planken eine Bodenplatte von 8 mal 2,5 Meter zusammen. Jeweils neun leere Fässer aus Hartplaste sollten in zwei Reihen die vermutlich 2,5 Tonnen tragen. Dazwischen drei Achsen mit alten Autorädern, um das Gefährt in und aus dem Wasser ziehen zu können. Für Seitenpaddel und zwei Steuerruder fällten wir Fichten und entrindeten die vier Meter langen Stämme. Die Aufbauten, eine Schlaf- und eine Wohnkabine mit verschachtelten Vorratskästen, schmalen Wandregalen, Abwaschbecken und kleinem Ofen mit hohem Schornsteinrohr waren vorgefertigt – alles bis auf die Schrauben Recycling. Die kleine Arche sollte ja wenigstens fünf Personen Raum geben – über 3.000 Kilometer entlang den alten Goldrauschwegen auf den kurven- und inselreichen Flüssen Tesslin und Yukon, zunächst in Kanada, dann durch Alaska bis zur Beringsee. So der Plan.

Es kam anders. Mich packte schon in Frankfurt auf dem Flughafen ein Identitätsproblem am Schlafittchen: Mein Visum war nicht gültig. Zwei Tage hieß mich das zappeln. Indessen nicht bereit schon aufzugeben, ließ ich meinen Zorn in Hintergedanken über die verquere Philosophie von Verwaltungen verrauchen. Denn obwohl mir die kanadischen Behörden Wochen zuvor die Einreise schriftlich bestätigt hatten, wurde mir nun bedeutet: Ich bin eine (schlanke) Null und kein (dickes) O. Im Formular hatte ich den optisch kaum wahrnehmbaren Unterschied zwischen der Zahl und dem Buchstaben dem Schriftbild des Passes entsprechend eingetragen. Nicht ahnend, dass es in deutschen Reispassnummern den dickbauchigen Buchstaben O gar nicht gibt, aber dennoch anstelle der ovaleren Null abgebildet wird. So ver-rückt das ist, mich runder zu beziffern, als es mir zusteht, können Behörden nicht dulden. Mit hochgezogenen Augenbrauen erwägen sie kopfwiegend alles her und hin (ich weiß, wovon ich rede), um hernach den Zahlen Vorrang zu geben gegenüber den Buchstaben. Zu Wörtern und Sätzen geformt, würden Letztere ja zur Kommunikation nötigen. Vergessen also (natürlich im Namen der Ordnung) die Weisheit des Pythagoras, der gerade umgekehrt die Zahl dem Buchstaben nachordnete. Die Zahl sei, so der antike Philosoph und Mathematiker, die zweitweiseste Erfindung nach dem Namen (der sich eben nur durch Buchstaben abbilden lässt).

Nicht nur für unsere Reise hat er Recht behalten. Natürlich haben wir auch gerechnet. Nicht nur mit dem Wetter und etwas Glück. Wir haben die Tage gezählt, Fließgeschwindigkeiten und Wassertiefen ermessen, die Länge unserer Rettungsseile und die Widerstandkraft der Ruder berechnet. Vor alledem aber haben wir geredet. Bald heiter, bald aufgebracht, gestritten, ja sogar geschrien wie geängstigte Matrosen in biblischer Dramatik (Apg 27,13-44; Jona 1,5). Und nicht selten öffneten gerade die kritischen Situationen einen Raum für berührend tiefe Gespräche. Größer also die Kraft der Worte als aller Zahlen.

Allein beschaulich war die Reise demnach nicht. Obwohl es sie oft genug gab, die stillen Minuten auf dem kleinen Sonnendeck, das leise Vorbeigleiten der Landschaft (in drei bis sieben Kilometer pro Stunde je nach Fließgeschwindigkeit), neben dem Floß schwimmende Elche. Schöne Unterbrechungen beim Stromern durch die verwilderten Uferregionen, in denen noch verfallene Blockhütten der Goldsucher herumstehen. Vor allem aber die langen Sonnenuntergänge, die allemal die Unschuld des Flusses zu betonen schienen. Und nächtliche Dunkelheit kaum zuließen.

Tagtäglich aber gab es mehr als zu tun. Das Unikat unseres Floßes bestand ja darin, dass wir auf die Kraft des Wassers, des Windes und unserer Arme angewiesen waren. Andere Floßabenteurer, von denen wir gelesen hatten, wussten sich in schwierigen Situationen durch einen Außenbordmotor zu helfen. Wir hatten und wollten einen solchen Zusatz nicht. Das bedeutete, das Floß so navigieren zu lernen, dass es gegen die Winde, vor allem aber quer zu den Strömungen mittels unterschiedlicher Rudertechniken gesteuert werden konnte. Oft genug haben wir dazu vorn und hinten zu zweit das Ruder führen müssen. Indes erwiesen sich auch unsere verdoppelten Körperkräfte oft als erbärmlich gegen die elementaren Gewalten der Natur. So wurden wir vom Wind rückwärts ins Schilf getrieben oder mussten Bootsteile erneuern, weil sie rittlings von herunterhängenden Bäumen abgerissen wurden. Schon am zweiten Tag sind wir auf eine Kiesbank aufgelaufen. Der Druck des Wassers erwies sich auch im Flachen so stark, dass wir das Floß nicht aus eigenen Kräften – schenkeltief im Wasser stehend – drehen oder in eine selbst geschaufelte Fahrrinne heben konnten. In höchst riskanten Aktionen haben wir das Boot drei Mal mit Kletterseilen an Uferbäumen befestigt und in andere Richtungen zu ziehen versucht. Einmal hingen wir eine ganze Nacht im Regen mit unserer Tonnenlast an einem vibrierenden Seil. Tänzelnd auf dem dunkel gurgelnden Hauptstrom, im Ohr das ungemütliche Sirren des überspannten Seiles, haben wir nur mit Mühe und in tiefer Erschöpfung ein paar Stunden schlafen können. Danach habe ich einen Abschnitt aus Psalm 107 (Verse 23-32) gelesen.

Nun hieß es endlich vorankommen, die Zeit lief uns ja davon, jedes Mal hatten wir einen ganzen Tag zum Loskommen gebraucht. Bald aber erwischte es uns ein viertes Mal, diesmal in unüberbrückbarer Entfernung zu beiden Ufern. Menschliche Kraft – zwei Kanutinnen versuchten zu helfen – genügte nicht mehr, um die breite Kiesbank zu überwinden. Wir erwogen die verrücktesten Pläne, auf welchen Wegen und mit welchen Folgen wir herausgeholt werden könnten. Am Ende rettete uns die geniale Idee, eine Art Wasserpflug aus Bohlen und Stämmen vor unser Boot zu binden. Tatsächlich hat uns dann der Druck des sich darin verfangenden Wassers über den schmalen Kanal gezogen. Stundenlang hatten wir unter Wasser Kies geschippt, jetzt war die holpernde Bewegung so unfassbar erlösend und so plötzlich, dass wir Mühe hatten, im schwellenden Strom wieder auf das Floß klettern zu können.

Auf diese Weise haben wir immerhin 400 Kilometer geschafft. Das ursprüngliche Ziel, Dawson, hatten wir ohnehin wegen der Rauchschwaden der ungewöhnlich starken Waldbrände aufgeben müssen. Infolge der Änderungen unserer Pläne blieben uns am Ende noch ein paar Tage Zeit bis zum Rückflug. So wurde es möglich, ein uriges Wasserflugzeug für einen Gletscherflug in den nahen Bergen chartern zu können. Was für ein faszinierendes Erlebnis – der knatternde Aufstieg und dann in gekonntem Tiefflug über die weiten und kurvenreichen Gletscherströme schweben zu können!

Warum eigentlich unternimmt man derartige Abenteuer? Was bleibt von ihnen? Die Motive werden unterschiedlich, wenn nicht gar unergründlich sein. Eines aber ist mir deutlich: Elementarer kann man nicht erfahren, was uns Buchstaben so leichthin vorgeben: Sich treiben lassen. Gleiten. Im Regen stehen. Mit Leib und Leben an einem Seil hängen. Gegen oder mit dem Strom schwimmen. Erschöpfung. Steuern. Aufsitzen. All diese in andere Zusammenhänge auch übertragbaren Erfahrungen unmittelbar zu machen, ausgeliefert den Urelementen Wasser und Eis, Luft und Wind, Feuer und Erde – das war mir als verwöhntem Mitteleuropäer eine durchaus heilsame Lektion.

Noah musste nicht lenken. Nur bangen, warten und vertrauen. In gewisser Weise mussten wir auch das lernen. So sehr es geboten war, Kraft und Verstand auf ein nächstes Ziel zu lenken – Gottvertrauen und das Steuer selber in die Hand zu nehmen, sind keine Widersprüche. Und auch wenn uns von gruppendynamischen Prozessen aus der Arche nichts überliefert ist, es wird sie gegeben haben. Bei uns jedenfalls hat das Aneinander-Gewiesen-Sein – auf engstem Raum – erhebliche Energiepotentiale freigesetzt.

Zuletzt: Wie nachhaltig doch die Weisheit des Pythagoras ist. Sich in erster Instanz vom Wort führen, ja verführen zu lassen, macht das Leben reizvoller und dichter als alles noch so notwendige Rechnen. Selbst Lautlosigkeit kann zu sprechen beginnen. Das gleichmäßige Knarren des Ruders klang in der Stille anders, sein leises Ächzen wie verliebtes Stöhnen. Mitunter nicht mehr unterscheidbar war das Eintauchen des Ruders vom Platschen springender Fische. Und manchmal formte sich aus alledem eine Melodie. Längst vergessene Lieder haben uns manchmal schmunzeln, aber froh gemacht. Und das Aufsitzen? Wohl auch das eine gute Erinnerung, dass der steinige Boden unserem Fließenwollen Widerstand leistet – und Halt gibt. Ungebeten, aber nachhaltig.

post scriptum: **Im Nachwort das Vorwort**

Kalenderblätter, Tagebuchseiten wie diese haben die Eigenart, im Erleben und Entstehen groß, ja übermächtig zu sein. Wochen, ja Jahre später wirken sie kümmerlich, kaum wert, hervorgehoben zu werden. Eben wie das Pflügen einer einzelnen Furche im Moment alle Kraft kostet, auf's Ganze gesehen aber an Bedeutung verliert. Manche der geschilderten Empfindungen oder Augenblicksanalysen stellen sich ja auch als falsche Einschätzungen heraus, in den Blick genommene Personen verändern sich, anderes würde ich heute nicht mehr so sagen.

Insofern hinterlässt ein derartiges corpus mixtum auch gemischte Gefühle. Die Texte sind nicht mehr als akute Zeitzeugen. Sie zeugen von einer Zeit, die hinter uns liegt. Als solche aber auch von der Sehnsucht, dass diese Welt nicht so bleiben kann – ja von der Gewissheit, dass sie nicht so bleiben wird, wie sie ist. Hoffentlich auch durch das Wachsen des einen oder anderen Samenkorns, das früher schon in den Boden gelegt worden ist. Auf unsere Vergangenheit gehen wir freilich gerade dann auch zu. Solange wir weitergehen, gehen wir ihr immer auch entgegen.